꼼꼼 여의사의
가족동반 미국연수
무조건 따라하기

**꼼꼼 여의사의
가족동반 미국연수
무조건 따라하기**

초 판 1쇄 발행　2009년 04월 23일
개정판 1쇄 인쇄　2014년 11월 15일
개정판 2쇄 발행　2021년 6월 23일

지은이　이찬희

펴낸이　이상순
펴낸곳　(주)도서출판 아름다운사람들
주소　(413-756) 경기도 파주시 회동길 103
대표전화　(031) 955-1001　**팩스** (031) 955-1083
이메일　books777@naver.com
홈페이지　www.books114.net
기획편집　서인찬, 이미경, 석철, 권은희　**디자인** 나미진, 김경원, 이상광　**마케팅** 이병구, 김태양

ⓒ2009, 이찬희
ISBN 978-89-91066-58-8　13940

파본은 구입하신 서점에서 교환해 드립니다.
이 책은 저작권법에 의하여 보호를 받는 저작물이므로 무단 전재와 복제를 금합니다.

AMERICA STORY!
가족동반 미국연수 완벽 가이드

개정판

꼼꼼 여의사의
가족동반 미국연수
무조건 따라하기

| 이찬희 지음 |

■■■ 차례

머리글 ·8

개정판을 내며 ·10

 ## 미국 갈 준비하기

연수, 어떻게 하면 원하는 곳에 갈 수 있을까? ·14
인맥 이용하기 / 직접 만나서 허락받기 / 쉽기도 하고 어렵기도 한 J1 비자 받기 / DS-2019를 받기 위한 서류 / IC(International Center)

연수, 언제 출발하는 것이 좋을까? ·31
9월 입학을 대비하여 / 입국일이 방학기간일 때 / 자녀들의 나이를 고려할 때

여권, 비자 및 비행기표 ·34
여권 · 비자 · 기타 각종 서류의 이름 / 비행기표 / 출국 시기 / 귀국하는 비행기표의 예약 / 의료보험

짐 준비하기 ·39
가져갈 물건

짐 꾸리기 ·53
이민가방 / 짐 미리 부치기 / 세간 장만하는 방법 / 구입한 물건을 옮기는 방법 / 빌려서 사용하기 / 참고사항

국내 주거래 은행에서 할 일 ·63
해외체제자 송금등록 / 환전 / 인터넷뱅킹 / 영문은행잔고증명

초기 정착금 ·69
생활 준비 비용 / 한달 생활비

한국 운전면허시험장에서 할 일 •72
국제운전면허증 발급 / 영문운전경력증명서
자동차 보험회사에서 할 일

애들 학교 입학에 필요한 준비서류(한국에서 준비할 것) •77
영문예방접종증명서 / 영문재학증명서

제 2 장 출국하기

출국하기 •82
공항 가기 / 탑승수속하기 / 보안검색 / 출국심사 / 비행기타기 전 /
비행기 타기 / 출입국신고서와 세관신고서 작성하기

비행기에서 내려 숙소에 도착할 때까지 •92
입국심사대(미국immigration) / 수하물 찾기 / 세관신고대

국내선으로 갈아타기 •97
수하물 붙이는 곳 / 수하물의 국내선 허용 무게
첫 기착지 도착시간 / 여유 있는 환승 시간
가급적 직항 편을 이용 / 마중 나온 분과 만나기
공항에서 1차 목적지 혹은 숙소로 (딴 길로 안 세고) 바로 이동하기
렌터카 이용하기

제 3 장 정착하기

집 구하기 •104
안전한 곳 / 명문학군 / 통근거리 / 한국인 거주 확인
아파트 정하기 / 기타 세부사항

아파트 계약서 •110

집 계약할 때 몇 가지 도움이 되는 사항 •114
소개비 지원여부 묻기 / 세일기간 / 영수증 챙기기 / 한 달 집세 / 보증금(deposit) / 입주 후 하자 여부 확인하기

전화 •117
집 전화 개설하기 / 휴대폰

SSN(Social security number) 받기 •120
연수시작날짜 이후에 Social security office에 가기 / 주마다 다른 SSN과 운전면허시험의 관계

운전면허 따기 •125
운전면허를 꼭 따야 하는 이유 / 시험 치러 가는 날짜

운전면허를 따는 흐름도 •128
인터넷예약 / 필기시험공부 / 양식(Driver License Application Form) 작성 요령 / 시력검사 / 필기시험 / 가운전면허증 만들기 / 실기시험

운전면허 실기시험의 흐름도 •133
실기시험이 예약된 날 / 운전 시작 전에 체크하는 항목 / Critical error / 운전을 하면서 보는 항목 / 실기 시험시 주의사항

조지아 주에서 운전면허 따기(캘리포니아 주와 다른 점) •140
조지아 운전 면허증 취득하기 / 준비물 / 운전면허 발급 절차

미국은행에서 할 일 •144
은행 정하기 / 은행 방문 / 한국에서 미국으로 송금하기 / 이체 시간 / 수표와 카드 받기 / 수표(Check) 쓰는 법 / 은행업무와 관련하여 알아두면 무척 도움이 되는 몇 가지

전기와 가스 연결하기 •156

인터넷, TV 연결하기 •158
회사 선택하기 / 케이블TV 상품 / 인터넷 연결되기 전까지 인터넷을 이용하는 방법

자동차 구매하기 •161
새 차 사기 / 중고차 사기 / 차종 / 자동차 보험 / 자동차 등록하기 / 자동차 번호판에 얽힌 얘기 / 자동차 정기 점검 / 렌터카 이용하기

아이들 미국학교에 입학시키기 •173
입학 전 준비서류 / 학교 정하기

연수기관 및 IC(International center)에 등록하기 •177
IC 등록 / Orientation 내용(연수자를 행정적으로 관리를 하는 IC) / 영어 튜터 / 연수기관의 ID 발급

제 4 장 생활하기

운전과 관련하여 도움이 되는 사항들 •182
우리나라와는 조금 다른 미국의 도로 / 모르는 곳을 찾아갈 때 / 지도 구하기 / 고속도로에 대한 정보 / 고속도로 이용시 도움이 될 만한 사항 / 고속도로 번호에 담겨있는 비밀

주차 •188
주차장에 주차를 할 경우 / 도로에 주차를 할 경우 / 무인 유료 코인 주차기 이용 / 주차시 유의사항

주유하기 •195
기름은 어떻게 넣을까요? / 주유하는 순서

생활용품 구하기 •201
물품구입 / 몇 가지 살아가는 요령

공공 도서관 이용하기 •214
공공도서관의 위치 / 도서관 출입 시 필요한 것 / 도서관에서의 활동

맺는말 •217

■■■ 머리글

   남편은 한국에 남아있는 채로 두 아이를 데리고 미국연수를 간다는 것이 그리 쉬운 결정은 아니었습니다. 그러나 그렇게 밖에 미국 연수를 떠날 수 없는 현실을 현명하게 극복하기 위해 여러 가지 정보들을 모아보고자 노력하였습니다. 하지만 국내에서 미국 연수에 대한 정보를 모으기에는 너무나 많은 제약이 있었습니다. 정보를 가장 손쉽게 얻을 수 있는 곳은 인터넷이나 책이지만, 대부분이 어학연수를 떠나는 학생이나 유학생을 위한 자료들이었기 때문에 가족을 동반해서 떠나는 저에게는 상당히 제한적인 도움이었습니다. 그리고 어린 두 아이를 책임져야하는 부담도 같이 가지고 있었으니까요.

   교환교수로 미국을 다녀오신 선배교수님들께 귀동냥을 해서 정보를 모으고, 인터넷과 유학관련 책자를 통한 정보도 모아 출국 전에 여러 가지 준비를 했습니다. 물론 여러 가지 문제도 발생을 하였습니다. 그렇게 열심히 준비를 하였음에도 공항에서 가방의 무게가 초과하여 짐을 다시 싸는 초유의 사태가 발생하였습니다. 그 덕분에 남편과의 이별을 슬퍼할 틈이 없었으니까요.

   의과대학 시절 6년과 인턴, 레지던트 시절, 그리고 그 후에도 지속적으로 족보(후배 혹은 후임자에게 중요한 내용을 글로 남기는 것)를 전하는 것이 습관이 되어서 인지 미국연수를 준비하면서부터 제 다음으로 연수를 떠나는 분께는 꼭 도움이 되는 글을 전해드리고 싶었습니다.

   시작이 반이라는 말이 있습니다. 미국연수도 마찬가지인 것 같습니다.

미국 연수를 준비하고, 행정적인 절차와 함께 짐을 꾸리고, 비행기를 타고, 그리고 미국에 정착하기까지의 기간이 미국연수의 절반인 것 같습니다. 이 기간을 어떻게 보내느냐에 따라 나머지 기간의 삶의 질이 결정되는 것 같습니다. 아무쪼록 이 책을 보시고 원만한 미국생활을 시작하시기 바랍니다.

제 작은 소망이라면, 이 한권의 책으로 이 책값의 최소 100배 정도 되는 손실은 막을 수 있기를 바랍니다. 이 정도의 손실을 막기는 굉장히 쉽습니다. 이는 다른 말로 하면 이 정도의 손실은 아주 쉽게 생길 수 있다는 것입니다. 아무도 없는 타지에서 천불은 굉장히 큰돈입니다. 부디 많은 도움이 되길 바랍니다.

책을 마치며 감사의 인사를 하지 않을 수 없습니다. 미국연수라는 좋은 경험을 하게 해주신 병원식구들께 감사를 드립니다. 무사히 연수를 마치도록 도와준 남편과 두 아이, 어머님과 친정 부모님께 감사를 드립니다. 정착을 할 때부터 귀국할 때까지 일일이 챙기시고 책이 나오는 마지막 사진 작업까지 도와주신 부현고모와 예일, 예빈에게도 사랑한다고 전하고 싶습니다. 처음 정착할 때 운전도 가르쳐주시고 맛있는 밥도 대접해 주셨던 연수 선배님들-이성원 선생님, 윤종현 선생님, 김진석 선생님, 박용범 선생님, 김민영 선생님-너무 감사합니다. 그리고 연수 생활 내내 저나 제 가족을 엄마같이 보살펴주신 로이엄마와 그리고 로이네 가족에게 늘 사랑이 가득하길 기원합니다. 미쳐 감사의 인사를 드리지 못한 여러분들께 감사드립니다. 아울러 책이 나올 수 있도록 도와주신 아름다운 사람들의 이상순 사장님께도 감사의 인사를 드립니다.

2009년 4월 이찬희

■■■ 개정판을 내며

  2009년 이 책을 출판하면서 '연수를 준비하시는 분들께 과연 도움이 되기는 할까' 하는 마음이 없지 않았습니다. 5년이 지난 지금, 책을 구하고자 하는 분들의 연락이 계속 이어지고 있습니다. 미국 연수 준비에 조금이나마 도움이 되었기에 이런 연락이 온 것이라고 믿으며, 용기를 내어 개정판을 내기로 하였습니다.

  감사하게도 저에게 해외 연수의 두 번째 기회가 주어져서 2011년 샌프란시스코의 University of California, San Francisco로 연수를 다녀왔습니다. 두 번째 연수를 준비하며 이 책을 다시 들여다보니, 2008년 연수 때와 달라진 부분들이 있었고, 가장 대표적인 것이 휴대폰과 관련된 것이었습니다. 10년이면 강산도 변한다는데, 변하지 않는 것이 오히려 이상하겠지만, 그래도 변화의 속도가 너무 빨라, 이 부분을 포함한 일부를 보완하였습니다. 그렇지만 시간이 흐르면 지금과는 달라지는 것들이 또 있을 것입니다. 변하는 부분이 있음에도 불구하고, 변하지 않는 부분이 더 많을 것이라 믿으며, 또 변화된 것을 미처 파악하지 못한 부족함은 양해해주시기 바라며, 이 책이 여러분들의 미국 연수에 도움이 되기를 바랍니다.

  끝으로 이 책의 개정판을 도와주신 아름다운 사람들의 이상순 사장님, 보완을 위해 도움을 아끼지 않으신 국민건강보험 일산병원의 박병규 선생님, 저에게 끝없는 사랑을 주시는 스승님과 부모님, 남편, 부현고모 그리고 두 아이에게 무한한 감사를 드립니다.

2014년 11월 이찬희

America Story

제1장

미국 갈 준비하기

America Story

★★★ 연수, 어떻게 하면 원하는 곳에 갈 수 있을까?

　해외연수를 떠날 수 있는 기회가 주어지는 것 자체가 당사자에게는 무척 행운일 것입니다. 연수해당자는 본인이 연수를 가고 싶은 곳에 대해 마음속으로 몇 군데의 기관을 생각하고 있었을 것입니다. 하지만, 막상 연수허가가 나면, 과연 어느 곳으로 갈지 다시 한 번 고민을 하게 됩니다. 이때 아무런 준비도 없이 가고자 하는 기관의 보스에게 이메일을 보낸다면 답변이 없거나, 정중한 거절을 당할 수 있습니다. 이럴 때 우리는 상처를 받게 됩니다. 그러면 어떻게 하면 상처를 덜 받으면서 내가 가고 싶은 곳에 연수를 갈 수 있을까요?

　★ 인맥 이용하기 ★

　연수도 역시 사람 사이의 일이기 때문인지 인맥을 통하는 것이 가장 좋은 것 같습니다. 우선은 가고 싶은 기관의 보스와 연결될 수 있는 한국 사람이 누가 있는가 한번 찾아보십시오. 물론 처음에는 아무도 없다는 답이 나옵니다. 그러나 다음의 이론을 접하고 나면 생각이 달라집니다. 한국 사람들은 세 다리만 건너면 아는 사이고, 지구상에서는 여섯 다리만 건너면 아는 사이라고 합니다. 이는 과학적으로 증명이 된 이론입니다. 이 이론을 토대로 주변을 다시 한 번 넓은 마음으로 둘러보십시오. 그러면 보스를 아는 한국 분이 떠오를 겁니다. 그 한국 분께 연수 당사자인 본인의 소개를 간략하게 하면서 보스에게 연수를 갈 수 있도록 메일을 보내달라고 부탁을 하십시오. 동시에 보스에게는 잘 작성된 이력서, 자기소개서와 그곳으로 연수를 가고 싶다는 간곡한 편지를 이메일이 아니라, DHL이나, FEDEX 같은 특급우편으로 보내십시오. 그러면 단순히 이메일로 이력서를 보내는 것과는 다른 결과가 나오지 않을까 생각됩니다.

저의 경우도 제가 가고자 하는 연수기관의 보스에게 제 이력서와 소개서, 편지를 특급우편으로 보내면서 저보다 먼저 그 기관에 연수를 다녀오신 두분 선생님께 제 소개를 해달라고 부탁을 드렸습니다. 그 결과 연수를 와도 좋다는 허락을 받을 수 있었습니다.

★ 직접 만나서 허락받기 ★

입장을 바꾸어 생각해보면 한 번도 만난 적이 없는 외국인이 내 교실에 연수를 온다고 했을 때 일단은 귀찮은 생각이 먼저 들 것입니다. 이 사람이 우리나라말을 잘 할지, 일은 제대로 할지, 여러 가지 고려해야할 점들이 있습니다. 연수 가고자 하는 곳의 보스도 마찬가지일 것입니다. 따라서 조건이 허락한다면, 학회에서 직접 만나는 것입니다. 그곳에서 본인에 대한 어필을 한다면 〈백문이불여일견〉이라 좀 더 수월하게 연수에 대한 허락을 받을 수가 있을 것 같습니다. 학회에서 보스를 만나기 위해서는 사전에 보스가 어느 세션의 좌장을 맡고 있는지(연수 가고자 하는 기관의 보스는 학회의 좌장으로 참석하는 경우가 많습니다), 보스의 주 관심분야는 무엇인지, 보스의 얼굴을 인터넷으로 미리 익혀두는 정도의 준비는 필요하리라고 생각됩니다.

★ 쉽기도 하고 어렵기도 한 J1비자 받기 ★

연수를 가기 위해서는 J1비자를 받는 것이 첫 번째 관문입니다. 대개 국내 근무지에서 연수허가가 나고 나서 연수가 시작되는 시점까지의 기간이 그리 넉넉하지 않기 때문에 대략적인 과정을 파악하고 있는 것이 좋습니다. 연수기관에서 허락한 연수시작 시점까지 J1비자를 받지 못하여 국내에서 출국을 하지 못하고 발을 동동 구르는 경우가 종종 있습니다. 따라서 다음의 과정을 미리 알고 있는 것이 좋습니다.

❶ 보스에게 이력서, 자기소개서, 편지를 동봉하여 보낸다.

❷ 보스가 연수와도 좋다고 허락함, 이때 연락할 비서를 알려준다.

❸ 이때부터 비서와 서류작업을 진행한다.

❹ 비서가 작성해야 하는 서류(DS-2019관련)를 이메일로 첨부하여 보내온다.

❺ 이메일에 첨부된 서류를 작성하여 특급우편으로 비서에게 보낸다.

❻ 비서는 보내진 서류에 보스의 사인을 받아서 IC(International center)로 보낸다.

❼ IC에서는 나머지부분을 완성한 후 다시 비서에게 보낸다.

❽ 비서는 완결된 서류(DS-2019관련)를 연수자에게 보낸다.

❾ 연수자는 이 서류와 기타 구비서류(여권, 등등)를 가지고 미대사관에 가서 비자 인터뷰를 한다.

❿ 인터뷰에 합격을 하면 약 2-4일 뒤 집으로 J1비자가 발급된 여권이 배달된다.

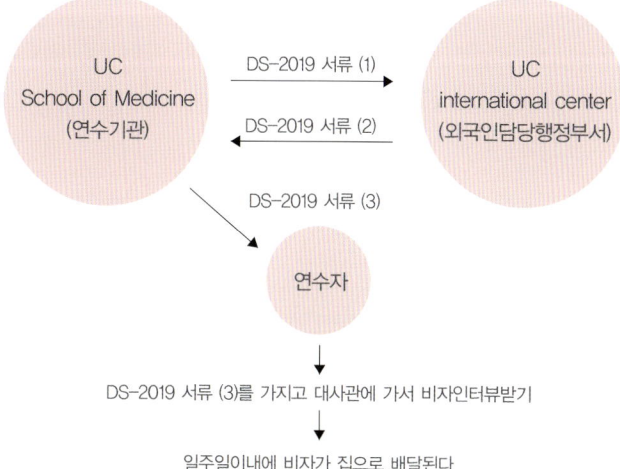

DS-2019 서류 (3)를 가지고 대사관에 가서 비자인터뷰받기

일주일이내에 비자가 집으로 배달된다

DS-2019를 받기 위한 서류

연수가고자 하는 교실의 보스가 연수허락을 하면 교실의 비서가 DS-2019를 받기 위해 작성해야하는 서류를 이메일로 보내줍니다. 다음의 서류들이 제가 이메일로 받은 서류들입니다. 지금부터 본격적인 서류작업이 시작되는 것입니다. 반드시 모든 서류는 여권과 동일한 이름으로 작성을 하십시오.

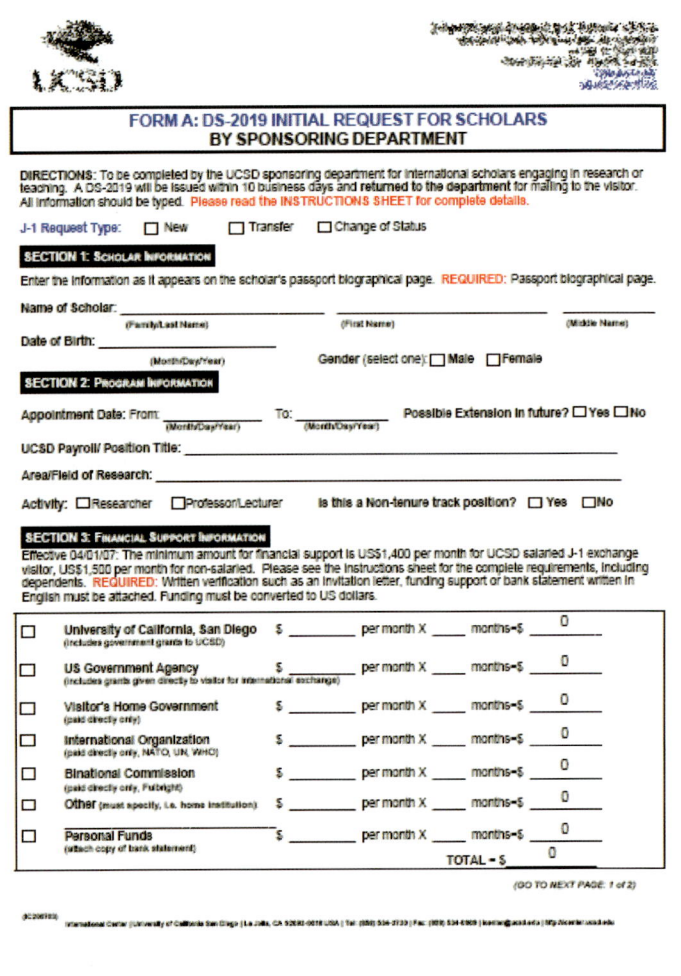

_____ (PAGE 2 of 2)
(Scholar's Name)

Is UCSD paying for health insurance? ☐ Yes   ☐ No

Please notify or confirm with the scholar whether health insurance is provided by the department. The visitor must complete Form C: Health Insurance Memorandum of Understanding.

SECTION 4: UCSD DEPARTMENT CERTIFICATION

PLEASE READ CAREFULLY BEFORE YOU SIGN THIS FORM. Your signature indicates that you agree to the following:

- The sponsoring department will provide assistance to the visitor upon arrival at UCSD.
- The proposed UCSD activity is suitable to the visitor's background, needs and experience.
- The visitor has sufficient English language proficiency to participate in the proposed activity and to adjust to daily life.
- The visitor and family members have sufficient funding for their stay. (Please see attached instruction sheet for a complete breakdown of the monthly minimum requirements.)
- The visitor is aware of the health insurance requirements and has a clear understanding of who will be responsible for paying the insurance premiums. (See Form C: Health Insurance Memo of Understanding for details about health insurance requirements.)
- The visitor has a clear understanding of what office/lab space, equipment, computer access, etc. will be available.
- The visitor will engage only in activities that are consistent with the intended program while on UCSD campus. Departments must inform the International Center when the scholar will be away from UCSD for more than 30 days while in J program.

PROGRAM SPONSOR INFORMATION:

Sponsor/Supervisor: _____ _____ _____ _____
                       Name   Signature   Date   Phone number

Department Chair: _____ _____ _____ _____
                     Name   Signature   Date   Phone number

Department Contact: _____ _____ _____
                       Name   Signature   E-Mail Address

Department: _____ Mail Code _____ Phone number: _____

Site of Activity: ☐ Main Campus ☐ SOM ☐ SIO ☐ Hillcrest ☐ VA Hospital ☐ Other (provide address):_____

_____

NOTE: PLEASE ALLOW AT LEAST 10 WORKING DAYS TO PROCESS THIS REQUEST

Departments should mail the following forms to the UCSD International Center (Mail Code: 0018):

CHECKLIST:
- ☐ Form A: DS-2019 Request Form (completed by department)
- ☐ Form B: Scholar Information Sheet (completed by scholar)
- ☐ Form C: Health Insurance Memorandum of Understanding
- ☐ Form D: Attachment to DS-2019 for Alien Physicians (if applicable)
- ☐ UCSD Invitation Letter or Offer Letter
- ☐ Proof of Financial Funding, i.e. support letter, scholarship letter, bank statement, etc.
- ☐ Copy of biographical page in passport- including dependents
- ☐ Copy of immigration documents if currently in the US (For transfer or Change of Status)

FORM B: DS-2019 INITIAL REQUEST BY PROSPECTIVE SCHOLAR

DIRECTIONS: Prospective UCSD scholars who will participate in research/teach academic programs at UCSD must complete this form. Submit the completed form and attachments directly to the sponsoring department at UCSD. Any forms submitted to ISSO will not be forwarded to the department. Please type (online fill-able) or print clearly.

SECTION 1: PERSONAL INFORMATION

NOTE: Write name as it appears in your passport biographical page. REQUIRED: Passport biographical page

Name of Scholar: _____ _____ _____
(Family/Last Name)   (First Name)   (Middle Name)

E-mail: _____   Gender (select one): ☐ Male ☐ Female

Date of Birth: _____   City of Birth: _____
(Example: January 1, 1965)

Country of Birth: _____   Country of Citizenship: _____

Country of legal permanent residence: _____

Last *Title/Occupation/Activity* in Home Country: _____

Name of Last *Employer/Academic Institution* in Home Country: _____

Highest Academic Degree Received: _____   Date Awarded: _____
(Equivalent to US Degrees)   (Month, Year)

SECTION 2: FINANCIAL SUPPORT INFORMATION

Minimum amount for financial support is US$1,400 per month for UCSD salaried J-1 exchange visitor, US$1,500 per month for non-salaried. Please read instruction sheets (Form A) for detailed requirements for dependents. REQUIRED: Written verification such as an invitation letter, funding support or bank statement must be attached and in English. Funding must be converted to US dollars.

☐	**University of California, San Diego** (Includes government grants to UCSD)	$ _____ per month X _____ months=$	0
☐	**US Government Agency** (Includes grants given directly to visitor for international exchange)	$ _____ per month X _____ months=$	0
☐	**Visitor's Home Government** (Paid directly only)	$ _____ per month X _____ months=$	0
☐	**International Organization** (Paid directly only. i.e. NATO, UN, WHO)	$ _____ per month X _____ months=$	0
☐	**Binational Commission** (Paid directly only i.e. Fulbright)	$ _____ per month X _____ months=$	0
☐	Other (must specify, i.e. home institution):	$ _____ per month X _____ months=$	0
☐	**Personal Funds** (Attach proof of funding in US dollars)	$ _____ per month X _____ months=$	0
			TOTAL = $	0

(GO TO NEXT PAGE: 1 of 2)

_____ (PAGE 2 of 2)
(Scholar's Name)

SECTION 3: DEPENDENT INFORMATION

Marital Status: ☐ Married ☐ Single

Please complete this section for any family members who will enter the U.S. in J-2 status or who will arrive later to join you. If none, write "none." Only your legal spouse and unmarried children under age 21 may be included as family members. Please include photocopies of the passport biographical page for all family members.

Family Name, First Name, Middle	Relationship (i.e. wife, daughter or son)	Date of birth (i.e. Jan. 1, 2000)	City of Birth	Country of Birth	Country of Citizenship	Country of Permanent Residence

Will your dependent(s) travel to the U.S. with you? ☐ Yes ☐ No
My family will arrive separately on, or around (date) _____
(month/year)

SECTION 4: US VISA HISTORY

Please read the Instructions Sheet attached to Form A for detailed information on how to complete this section.

Are you currently in the USA? ☐ Yes ☐ No
If YES, please indicate your current immigration status: _____
   NOTE: Please attach a photocopy of all current immigration documents including Form I-94, DS-2019 form(s), I-20 form(s), EAD card(s), and/or I-797 approval form(s).

If YES, please check one:
☐ I will be leaving the US and returning before I begin/resume my appointment at UCSD.
   Please give destination and travel dates:
☐ I am requesting a Change of Status (I-539) with USCIS (i.e. F-1 OPT/B-1/J-2 to J-1, etc).
   NOTE: You must contact ISSO to set an appointment with an advisor for all change of status applications.
☐ I am currently in J-1 status and requesting a transfer to UCSD.
   Have you applied for a waiver of the two-year home country residence requirement (212e)? ☐ Yes ☐ No

During the last two years, have you been in the USA in any J status? ☐ Yes ☐ No
If YES, please complete the following section. Begin with your most recent visa status and work backwards chronologically.

Visa Classification (i.e. J-1 Research Scholar, Professor, Student, J-2, etc.)	Begin and End Dates in USA (i.e. Jan 1, 2005- Dec. 31, 2005)	Purpose of stay (i.e. student, scholar, researcher, etc...)	Sponsoring Institution or Agency

SECTION 5: SCHOLAR CERTIFICATION

Please read the following carefully and sign

- US government regulations require that all participants in J-1 exchange visitor status (and J-2 dependents) purchase adequate health insurance as defined by the Department of State. You must sign Form C: Health Insurance Memorandum of Understanding.
- Attend an orientation session at the International Center within 15 days of arrival.
- The International Center must validate your SEVIS record within 30 days of the start date of your program. Notify your department if your arrival will be delayed.
- Notify the International Center upon your departure from UCSD.

Signature: _____ Date: _____

(IC200703) International Center | University of California San Diego | La Jolla, CA 92093-0018 USA | Tel: (858) 534-3730 | Fax: (858) 534-0909 | icenter@ucsd.edu | http://icenter.ucsd.edu

FORM C: HEALTH INSURANCE MEMORANDUM OF UNDERSTANDING

DIRECTIONS: Please sign and date this form so UCSD can issue a Form DS-2019 to you. A photocopy or faxed copy of this form is acceptable. Please return form directly to the sponsoring UCSD department.

SCHOLAR CERTIFICATION

Name of Visitor: _____

UCSD Department: _____

- I understand that the Department of State requires me and all of my J-2 dependent family members to have the following minimum health insurance coverage throughout my stay:
  - Medical benefits of at least $50,000 per accident or illness (The UCSD International Center recommends $100,000)
  - Repatriation of remains in the amount of $7,500
  - Medical evacuation expenses in the amount of $10,000
  - Deductible not to exceed $500 per accident or illness

- I understand that I will need to pay for the insurance unless my sponsoring department at the University of California, San Diego has informed me in writing that they will provide the insurance.

- I understand the cost of this insurance. If I choose a UCSD-endorsed insurance plan, the cost will be at least $100 per month and $400-750 per month to include my family. If I choose my own insurance policy, the insurance corporation underwriting the policy must have one of the following ratings:
  - A.M. Best rating of "A-" or above
  - Insurance Solvency International, Ltd. (ISI) rating of "A-i" or above
  - Standard & Poor's Claims paying Ability rating of "A-" or above
  - Weiss Research, Inc. rating of B+ or above

- I understand that insurance coverage backed by the full faith and credit of the government of my home country will also meet the rating requirements.

- I understand that government regulations require the university to notify the Department of State and terminate my J-1 status if they determine that I or my family members willfully fail to comply with the health insurance requirements.

I have been informed about the health insurance requirements, the cost involved, and the need to maintain the insurance for myself and all family members throughout my stay at UCSD.

Please choose ONE of the following:
- ☐ The sponsoring department at UCSD is paying for my health insurance
- ☐ I will be covered by my home country health insurance plan during my stay in the USA
- ☐ I will purchase/renew the Health PPO Plus plan from the UCSD International Center
- ☐ Other: _____

Signature: _____   Date: _____

FORM D: ATTACHMENT TO DS-2019 FOR ALIEN PHYSICIANS

DIRECTIONS: The alien physician's supervisor and department head must complete either **Section I or II**. It should be attached to the Form A, B, and C. Be careful not to subject yourself or UCSD to criminal liability by falsely stating the type of patient contact that the alien physician will have. The United States Code provides for criminal penalties for any false, fictitious or fraudulent statements or representations.

PLEASE COMPLETE ONLY ONE OF THE FOLLOWING BOXES:

Section I.

> If the alien physician is coming to the US to pursue a program that does not involve patient contact, the applicant's sponsor on campus must certify the following:
>
> This certifies that the program in which Dr. _____
> (Visitor's Name)
> is to be engaged in is solely for the purpose of observation, consultation, teaching, or research and that no element of patient care services is involved.
>
> | Print or type name of Supervisor | Signature of Supervisor | Date |
> |---|---|---|
> | Print or type name of Department Chair | Signature of Department Chair | Date |

OR

Section II.

> If the alien physician is coming to the US to pursue a program involved with observation, consultation, teaching, or research, but which also involves incidental patient contact, the supervisor and department chair must certify all of the following five points and provide a <u>Five-Point Statement</u> on department letterhead with the J-1 request:
>
> A. The program in which Dr. _____ will participate
>   (Visitor's Name)
>   is predominantly involved with observation, consultation, teaching or research.
> B. Any incidental patient contact involving the alien physician will be under the direct supervision of a senior faculty physician who is a US citizen or resident alien and who is licensed to practice medicine in the State of California.
> C. The alien physician will not be given final responsibility for the diagnosis and treatment of patients.
> D. Any activities of the alien physician will conform fully with the California licensing requirements and regulations for medical and health care professionals in California.
> E. Any experience gained in this program will not be creditable towards any clinical requirements for medical specialty board certification.
>
> | Print or type name of Supervisor | Signature of Supervisor | Date |
> |---|---|---|
> | Print or type name of Department Chair | Signature of Department Chair | Date |

If the alien physician's position involves significant patient contact or otherwise does not conform with either Section I or II, that physician cannot be sponsored through UCSD's J-1 Exchange Visitor Program.

Clinical training for alien physicians who are interns, residents or who hold other clinical positions involving physical contact can be authorized under a program sponsored by the Educational Commission for Foreign Medical Graduates (ECFMG). For further information regarding physician sponsorship through ECFMG contact Cindy Slaughter, Director, Office of Graduate Medical Education, (619) 543-7768 clslaughter@ucsd.edu.

IC(International Center)

미국 대학의 경우 외국에서 유학 오는 학생이나 교환교수가 많기 때문에 이들을 위한 행정부서(외국인 담당행정부서)가 따로 마련되어 있습니다. 저의 경우는 UCSD로 연수를 가기로 되어 있었고, UCSD에서는 이런 업무를 관장하는 곳이 IC(international center)였습니다. 이름은 다를 수 있지만, 각 연수기관마다 비슷한 역할을 하는 행정부서가 있을 것입니다. 그러면 위의 절차를 단계별로 자세하게 알아보겠습니다.

1. 보스에게 이력서, 자기소개서, 편지를 동봉하여 보낸다 2주

특급우편으로 보냈기 때문에 넉넉잡고 약 1주일이면 우편물이 도착을 할 것입니다. 보스도 우편물을 검토할 시간을 주어야 하므로 우편물을 보내고 2주 정도 기다립니다. 2주가 지났는데도 보스에게서 아무런 답변이 없다면 이메일로 우편물의 수신여부를 정중하게 묻는 것이 좋습니다. 무작정 기다리는 것은 현명한 방법은 아닌 것 같습니다.

2. 보스가 연수와도 좋다고 허락함, 이때 연락할 비서를 알려준다

보스와 비서의 관계가 우리나라와는 조금 다른 것 같습니다. 상하관계가 아닌 것은 분명한 느낌입니다. 그리고 외국에서 그 기관으로 연수 오는 것에 대해 비서가 조금 귀찮아하는지 무척 일을 더디게 진행합니다. 종종 비서가 rate limiting step의 main factor라고 생각될 때도 있습니다.

3. 이때부터 비서와 서류작업을 진행한다

4. 비서가 작성해야 하는 서류(DS-2019관련)를 이메일로 첨부하여 보내온다

2주

보스에게 연락을 받고도 약 2주가 지나서야 비서가 필요한 서류를 연수자에게 이메일로 보내줍니다.

5. 이메일에 첨부된 서류를 다운받아 작성하여 특급우편으로 비서에게 보낸다

1주 + 1주

이 서류를 완성해서 보내기 위해서는 의료보험문제가 해결되어야 합니다. 다시 한 번 보스와의 연락이 필요합니다. 내 보험을 보스의 교실에서 내 줄 것인지 아닌지 정중하게 이메일로 질문합니다. 보스는 1-2일내에 바로 답변을 줍니다. 만약 교실에서 커버를 해주지 않는다면 한국에서 의료보험에 가입해야합니다. 한국에서 의료보험을 가입하는 것은 어렵지 않습니다. 〈해외연수-교환교수-의료보험〉이라는 용어로 인터넷에서 검색을 하면 여러 개의 보험회사가 나올 것입니다. 그중에서 마음에 드는 회사를 정하여 가입을 하시면 됩니다. 제가 연수 갈 즈음에는 AIG에 많이 가입을 했습니다. 그런데, 경제파동 이후로는 추세가 바뀔 수도 있을 것 같습니다. 서류 작성 시 여권에 나와 있는 이름과 동일한 스펠링으로, 동일한 띄어쓰기를 하셔야 합니다. 그렇지 않으면 입국 시 문제가 될 수도 있습니다. 서류를 준비하는데 1주, 특급우편으로 보내는데 넉넉잡아 1주의 시간이 필요합니다.

6. 비서는 보내진 서류에 보스의 사인 받아서 IC(International center)로 보낸다 2주 ~ 2달

　특급우편으로 보낸 서류에는 보스의 사인을 받는 난이 있습니다. 비서가 이 우편물을 받아서 보스에게 사인을 받아 IC로 보냅니다. 보통 여기에서 시간이 많이 걸립니다. 빠르면 2주정도, 길면 2달까지도 걸릴 수 있습니다. 비서의 성의에 따라 기간이 달라지는 것 같습니다.

7. IC에서는 나머지 부분을 완성한 후 다시 비서에게 보낸다 1주

　DS-2019 중 IC에서 완성해야 할 부분을 마무리 한 후에 다시 비서에게 보냅니다. IC는 외국에서 유학 오는 학생이나 교환교수를 위한 행정 부서이기 때문에 IC에서의 일 처리는 비서에 비하면 상당히 빠릅니다.

8. 비서는 완결된 서류(DS-2019관련)를 연수자에게 보낸다 1달

　연수자는 비서에게 특급우편으로 서류를 보낸 다음 약 1달 뒤부터 수시로 비서와 접촉을 해야 합니다. 제 느낌에는 독촉을 받은 시점부터 일을 시작하지 않나 하는 느낌이 들 정도로 천천히 일을 진행하는 것 같습니다. 비서는 저만큼 급하지 않아서일까요? 만약 DS-2019관련 서류를 비서에게 보내고 1달 정도가 경과한 후 비서에게 연락을 하였을 때 답변이 뜨뜻미지근하면 어느 단계에서 지연이 되고 있는지를 확인해 볼 필요가 있습니다. 6번 단계에서 지연이 되고 있다면 IC의 DS-2019담당자는 아직 서류를 받지 못했을 것입니다. 따라서 비서에게 IC의 DS-2019담당자의 이메일과 전화번호, FAX번호를 알려달라고 하십시오. 그리고 다음 단계는 IC의 담당자와 직접 연락을 취하는 것입니다. 대부분은 이런 과정 없이 매끄럽게 진행이 됩니다. 하지만 종종 IC 담당자에게 서류를 보내지 않은 상태에서 비서들이 이러저러한 사정으로 지연을 시키는 경

우가 있기 때문에 일이 제대로 진행되려면 신경을 쓰셔야 할 수도 있습니다.

9. 연수자는 이 서류와 기타 구비서류(여권, 등등)를 가지고 미대사관에 가서 비자 인터뷰한다

이런 힘든 과정을 거쳐 완성된 DS-2019관련 서류를 우편으로 받게 되면 이것과 나머지 구비서류들을 가지고 미국 대사관에 가서 인터뷰를 받으시면 됩니다. 비자인터뷰를 받으려면 미국 대사관에 미리 인터뷰 예약을 하셔야 합니다. 이는 비자 업무대행회사에서 해 줄 것입니다. J1비자로 인터뷰를 받는 경우에는 대부분 별 문제없이 인터뷰에 패스할 수 있습니다. 질문의 주요골자는 전문분야가 무엇인지, 어디로 가는지, 등의 아주 기본적인 내용입니다. 참, 제 동료 중에는 인터뷰에는 합격을 했는데, 여권의 유효기간이 6개월미만으로 남아서 여권을 재발급 받을 때까지 J1비자의 발급이 미뤄진 경우가 있었습니다. 유효기간이 6개월 이상 남아있는 여권이 필요하다는 것은 기본적인 요건이므로 다시 한 번 여권의 유효기간을 확인하십시오.

10. 인터뷰에서 합격을 하면 약 2~4일 뒤 집으로 J1비자가 발급된 여권이 배달된다

J1비자가 발급된 여권이 집으로 배달되면 이때부터 출국을 위한 본격적인 서류작업에 들어가게 됩니다. DS-2019나 SEVIS영수증은 미국입국 및 그 다음의 서류작업 시에도 필요하므로 여권만큼 소중하게 보관하고 계십시오.

AIG
AIG General Insurance

AMERICAN HOME ASSURANCE KOREA
15~18th Fl., Seoul Central Bldg., #136, Seorin-dong, Jongro-ku, Seoul, Korea
Tel: 82-2-2260-6800   Fax: 82-2-2011-4605

CERTIFICATE

To whom it may concern

Policy Number	:	T964076A00
Name of Insured	:	LEE C--- ---
Date of Birth	:	
Effective Period	:	JAN. 01. 2008 – JAN. 01. 2009
Endorsement Date	:	

This is to certify that the above stated person is an insured of AMERICAN HOME ASSURANCE KOREA. Listed below is the coverage and limits provided.

ACCIDENT DEATH & DISABILITY :	US $	20,000	
ACCIDENT MEDICAL EXPENSES :	US $	50,000	Per accident
SICKNESS MEDICAL EXPENSES :	US $	50,000	Per sickness
(DEDUCTIBLE) :	US $	107	
SICKNESS DEATH :			
PERSONAL LIABILITY :			
EVACUATION AND REPATRIATION :	US $	20,000	

Notes)
1. Medical expense coverage amount is for each occurrence and there is no limit set for the aggregate amount per condition.
2. The rating of AIG(American International Group) Inc. by Standard & Poor's is AA+

AIG NEW YORK OFFICE(Billing Address):
AIG-American International Underwriters
Attn: KOTA Claims Dept.
80 Pine Street, 11th Floor, New York, N.Y10005, U.S.A.
AIG Assist 24 Hours Services : U.S.A. 1-800-358-2759(toll free)   CANADA 1-888-233-9858(toll free)
KOREA 82-2-3140-1788(collect call)

Gary Munsterman
President
American Home Assurance Korea
(AIG General Insurance)

AIG A Member of American International Group, Inc

의료보험

보스의 교실에서 의료보험을 커버해주지 않으면 국내에서 의료보험에 가입을 해야합니다. 교실에서 보내준 서류에 적혀있는 최저 기준을 만족시켜야만 합니다.

DS2019

이 서류가 귀에 못이 박히도록 듣던 DS-2019입니다. 자세히 살펴보시면 연수기간이 적혀있습니다. 이 DS-2019를 가지고 미국 대사관에 가서 비자인터뷰를 하면 J1비자를 받으실 수 있습니다. 미국 입국은 연수시작 명기일의 30일전부터 허용 됩니다. 참고로 연수종료 명기일로부터 30일 더 미국에서 지내실 수 있습니다.

Student and Exchange Visitor Program: SEVIS I-901 Fee
Confirmation   OMB 1653-0034

Please print this page immediately for your records.

Reference the confirmation number below on all inquiries related to your I-901 status. You will receive
797 hard copy receipt at the address you provided. You may be required to produce this receipt on you
797 for visa issuance, admission to any United States port of entry, for any change of non-immigrant
status, or other United States immigration benefits.

When you go to the Consulate for your visa, you should bring this receipt or your I-797 to prove you ha
paid the SEVIS fee.

This credit card transaction will appear on your bill as "US DHS SEVIS 202-305-2346."

U.S. Department of Justice
Department of Homeland Security   Notice of Actio

THE UNITED STATES OF AMERICA

RECEIPT NUMBER: (Confirmation Number): CCC0804074989	**CASE TYPE:** I-901 Fee Remittance Form for F-1, F-3, 1, M-3 and J-1 Non-Immigrants.
RECEIVED DATE: Nov 9, 2007	**APPLICANT:** CHAN HEE LEE
NOTICE DATE: Nov 9, 2007	**PAGE:** 1 of 1
NAME AND ADDRESS: CHAN HEE LEE 9820 GILMAN DRIVE LA JOLLA CA UNITED STATES 92093	**NOTICE TYPE:** Receipt Notice

CHAN HEE LEE

This fee payment is valid **ONLY** for your particular course of study or program. If you
out of status, apply for a new F-1, F-3, M-1, M-3, or J-1 non-immigrant visa, or if you
want to change your non-immigrant category to an F-1, F-3, M-1, M-3 or J-1, you ma
be required to pay another fee.

APPLICANT STATUS: J-1
DATE OF BIRTH: 02/01/1987
GENDER: Female
EXCHANGE VISITOR PROGRAM CODE: P102849
AMOUNT RECEIVED: $100.00
SEVIS IDENTIFICATION NUMBER: N0004655115

Your I-901 fee transmittal form has been received. Please notify us immediately if an
the above information is incorrect.

**THIS ELECTRONIC RECEIPT MAY BE USED AS EVIDENCE OF PAYMENT. IN
ADDITION, YOUR OFFICIAL I-797 RECEIPT NOTICE WILL BE DELIVERED TO T
ABOVE ADDRESS BY THE RECEIPT DELIVERY METHOD YOU SELECTED.**

I-901 Student/Exchange Visitor Processing Fee
P.O. Box 970020
St. Louis, MO 63197-0020
Customer Service Telephone: 785-330-1048
This form issued by U.S. Immigration and Customs Enforcement

SEVIS 영수증

www.fmjfee.com 는 Student and Exchange Visitor Program (SEVP) SEVIS I-901 fee processing website 로 직접 그 사이트에서 SEVIS Fee 를 납부하고 영수증도 출력할 수 있습니다. 이것 역시 다음의 서류 작업과 미국입국 시에 필요하므로 잘 보관하십시오.

연수, 언제 출발하는 것이 좋을까?

★ 9월 입학을 대비하여 ★

미국의 학기 시작이 대부분 9월 초이기 때문에 8월에 연수를 떠나는 분들이 많습니다. 남들이 떠나는 시기에 같이 떠나면 좋은 점도 있고 그렇지 않은 점도 있을 것 같습니다. 자녀들의 학기 시작에 맞추어 떠나야 한다면 8월에 떠나는 것이 일반적인 생각입니다. 그러나 꼭 이 시기를 고집할 필요는 없을 것 같습니다. 미국의 렌트비는 우리나라와는 조금 다르게 철저히 수요공급의 원칙을 따라가는 것 같습니다. 수요가 많은 시기에는 렌트비가 올라가고, 수요가 적은 시기에는 렌트비가 내려갑니다. 또한 시작하는 달의 렌트비에 맞추어 1년치의 렌트비가 정해지는 경향이 있습니다. 거의 모든 학생들이 8월에 방을 구하기 때문에 이때 렌트비가 가장 비싼 것으로 알려져 있습니다. 따라서 8월에 렌트를 시작하면 그때의 렌트비가 가장 비싸기 때문에 1년치 렌트비도 당연히 가장 비싼 가격이 될 것입니다. 또한 수요가 많기 때문에 좋은 조건의 방을 구할 가능성도 낮습니다. 게다가 8월이 성수기여서 비행기 표도 비싼 경우가 많습니다. 꼭 9월에 시작하셔야 하는 것이 아니라면 이 시기를 피하여 출국을 하는 것도 하나의 방법일 것 같습니다.

★ 입국일이 방학기간일 때 ★

미국은 우리나라와 달리 여름방학은 길고 겨울방학은 짧습니다. 동반 자녀가 있는 경우에 미국에 입국하는 시점이 그곳의 방학기간이라면, 개학할 때까지 자녀의 시간을 어떻게 보내게 할 것인지가 한국에서 해결해야 할 우선 과제 중 하나일 것입니다. 방학에는 자녀들이 학교에 가지 않습니다. 우리나라와 달리 미국에서는 자녀들의 나이가 어리면(혼자 집에 있을 수 있는 나이의 정의는 주마다 조금씩 다른 것 같습니다) 집에 혼자 자녀를 두는 것은 불법입니다. 이때 간단하게 '학원이나, 아니면 캠프를 보내면 되지' 라고 생각할 수 있습니다. 그런데 한 가지 문제가 있습니다. 미국은 거의 100% 예약문화이기 때문에 현지에 도착을 하여 캠프에 등록을 하려고 하면 등록 가능한 캠프가 거의 없습니다. 보통 2-3달 전에 캠프의 등록이 종료되기 때문입니다. 따라서 입국일이 대략 결정되면 현지의 친지에게 연락을 취하여 자녀가 쉽게 적응할 수 있는 캠프의 등록을 부탁드리는 것이 좋습니다. 아이들의 경우 미국에 입국을 하여 바로 학교에 가게 되면 적응하는데 여러 가지의 어려움이 있으므로 방학 때 미리 캠프를 보내는 것이 상당히 도움이 됩니다. 이 시기에는 공부를 하는 academic한 캠프보다는 즐기면서 시간을 보낼 수 있는 놀이 캠프가 좋습니다. 미국이라는 현지사회에 적응하는 시기라고 생각하면 되니까요. 그러면 새 학기에 학교에 적응하는 것도 훨씬 쉬워질 것입니다.

★ 자녀들의 나이를 고려할 때 ★

여건이 허락한다면, 자녀가 국내에서 초등학교 2학년은 마치고 떠나는 것이 좋다고 생각합니다. 미국으로 연수를 떠나는 목적 중 일부는 자녀의 영어교육도 포함이 되어있을 것입니다. 그와 더불어 자녀가 한국으로 다시 귀국을 했을 때에도 한국에 잘 적응을 하는 것이 부모의 바람입니다. 초등학교 2학년보다 더 어린 나이에 미국생활을 시작한다면 발음은 원어민과 유사할 것입니다. 또한 영어도 쉽게 습득을 할 것입니다. 그러나 언어라는 것은 말하기가 전부는 아닙니다. 읽기와 쓰기를 같이 병행하여야 합니다. 국내에서 2학년을 마쳤다면 한글에 대한 읽기와 쓰기가 어느 정도 완성된 상태입니다. 이런 상태에서 미국생활을 시작하게 되면, 영어의 습득 속도는 조금 느리지만, 영어에 대한 말하기와 읽기, 쓰기가 병행될 수 있기 때문에 영어에 대한 완성도가 높아질 것입니다. 이런 경우 귀국을 하여도 영어를 쉽게 잊어버리지 않습니다. 물론 한글은 이미 본인의 것이 되었으니, 거의 걱정을 하지 않으셔도 됩니다. 반면 더 어릴 때 미국에 간 아이들의 경우 영어는 빨리 습득하는데, 그와 같은 속도로 한글을 잊어버리는 것 같습니다. 1년이나 2년 뒤에 이 아이가 한국으로 귀국을 하였을 때는 다시 한글을 익혀야 하는 힘든 과정을 겪게 됩니다. 만약 미국에서 읽기와 쓰기가 병행되지 않은 말하는 영어만 한 경우에는 영어도 쉽게 잊어버리게 됩니다. 따라서 가급적이면, 초등학교 2학년은 마치고 떠나는 것이 좋을 것 같습니다.

America Story

★★★ 여권, 비자 및 비행기표

★ 여권/비자/기타 각종 서류의 이름 ★

여권발급은 비교적 쉽게 이루어집니다. 그러나 몇 가지 유의해야 할 사항을 알려드리고 싶습니다. 첫째 아직 여권을 만들지 않은 상태라면 이름이 홍길동인 경우 여권상의 이름은 Kildong Hong로 하는 것이 좋습니다. 만약 Kil Dong Hong으로 하는 경우에는 Dong을 Middle name으로 인식하는 경우가 많습니다. 따라서 이미 만들어진 여권이라면 할 수 없지만, 가능하면 이름의 경우에는 중간에(Kil과 Dong사이에) 간격을 두지 않는 것이 좋을 것 같습니다. 둘째 일단 여권이 만들어졌으면, 모든 양식의 이름은 여권과 동일하게 작성을 하셔야 합니다. 그렇지 않을 경우에는 입국을 하지 못할 수도 있습니다. 따라서 이점에 유의하시기 바랍니다.

여권의 유효기간은 6개월 이상 남아있어야 합니다. 제 동료 중에는 여권유효기간이 6개월도 안 남아서 비자인터뷰를 받으러 갔다가 퇴짜를 맞았다는 말씀을 이미 드린 것 같습니다. 남의 일이라고 생각하지 마시고 꼭 여권의 유효기간을 다시 한 번 확인하시기 바랍니다.

★ 비행기표 ★

연수를 갈 곳과 시기가 어느 정도 정해지면 비행기표를 예약해야 합니다. 국내항공사를 이용할 것인지, 외국항공사를 이용할 것인지를 결정하는 데는 여러 가지 변수가 있습니다. 가장 중요한 것 중의 하나는 가격입니다. 또 한 번에 목적지까지 가는지, 아니면 갈아타야 하는지, J1비자를 소지한 경우에는 학생할인이 되는지 등 여러 가지를 고려해 보고 예약을 하는 것이 좋습니다. 참고로 미국 입국은 연수시작 명기일의 30일전부터 허용이 됩니다. 또한 연수종료 명기일로부터 30일 더 미국에서 지내실 수 있습니다.

★ 출국 시기 ★

가급적 성수기는 피하는 것이 유리

출국날짜가 성수기와 겹칠 경우에는 항공료가 비싸집니다. 혼자 출발할 때도 비수기보다 상당한 액수가 추가되는데, 가족이 함께 출발하는 경우라면 추가액수가 4배는 될 것입니다. 성수기에 출발을 하게 되면 항공료가 비싼 것만 문제가 되지는 않습니다. 성수기이므로 승객이 많다는 것이고, 다시 말하면 옆에 빈자리가 날 가능성이 적다는 것이므로 비수기보다 비싼 가격에 더 불편하게 비행기 여행을 할 가능성이 높다는 것입니다. 하루 이틀만 조정하더라도 성수기에서 비수기로 바뀔 수 있으며, 특히나 가족이 같이 가시는 경우에는 그 영향이 더 클 수 있기 때문에 미리 출발시기를 조정하시기 바랍니다.

비행기를 갈아타야 하는 경우(오전에 도착, 여유시간을 두고 환승)

여러 가지 이유로 인해서 비행기를 갈아타시는 것으로 계획을 세울 수 있습니다. 이럴 경우에는 몇 가지 고려해야 하는 사항이 있습니다. 비행기가 미국에 도착을 하게 되면 본인의 최종목적지와는 상관없이 첫 도착지에서 입국심사와 세관신고를 해야 합니다. 따라서 환승할 수 있는 시간은 충분히 여유를 두어야 한다는 것입니다. 또 너무 늦은 시간에 미국의 첫 목적지에 도착을 하시면 공항에서 하루를 지내실 수도 있습니다. 입국심사 및 세관신고가 빨리 진행되기도 하지만 하염없이 길어지는 경우도 있기 때문입니다.

만일, LA에 오후 6시에 도착을 했는데, 입국심사하고, 짐을 찾고, 세관신고하고, transit하려고 지친 몸을 이끌고, 가족과 함께, 많은 가방을 가지고, 국내선터미널로 갔을 때, 9시 반에 예약된 비행기는 탈 수가 없고, 그 비행기가 그날의 마지막 비행기였다면……. 이런 경우가 드물기는 하지만, 생길 수 있는 상황이므로, 가급적이면, 오전에 미국에 도착하는 비행기를 예약하는 것이 좋을 것 같습니다. 또한 국내선으로 갈아타야 한다면 여유시간을 두고 비행기표를 예약하고, 예약된 비행기의 전후 시간표도 알아둘 필요가 있습니다.

또한 기름 값의 상승으로 수하물에 대한 기준이 미국국내선의 경우 국제선과는 조금 다른 것으로 알고 있습니다. 따라서 비행기를 예약하기 전에 미리 이 부분에 대해서 알아보는 것이 좋을 것 같습니다.

이런 불편을 생각한다면 가장 좋은 것은 직항편을 이용하는 것이지만, 상황이 그렇게 진행되지 않을 경우에는 국제선 공항에서 차로 약 2시간 정도의 거리에 있는 도시라면, 국내선으로 갈아타는 것보다는(마중 나오는 분께 조금 죄송하기는 하지만) 차를 이용해서 이동하는 것이 더 좋을 것 같습니다.

★ 귀국하는 비행기표의 예약 ★

비행기표를 살 때 편도를 사는 것보다 왕복을 사는 것이 훨씬 싸다는 것은 누구나 다 아는 사실입니다. 그러나 왕복편의 경우 유효기간이 6개월 혹은 1년입니다. 물론 이 기간 내에 귀국을 한다면 큰 문제가 없습니다. 그러나 1년 예정으로 연수를 다녀오는 경우에 연수시작 시기보다 조금 일찍 출발하고, 연수종료 후 조금 더 체류를 하여 1년을 조금 지나서 귀국을 하는 경우가 대부분입니다. 또한 이삿짐의 관세 때문에 1년에 며칠을 더 체류한 후에 귀국을 하는 경우도 있습니다. 이런 경우에는 왕복편을 구입할 수 없으므로 편도의 항공권만 구입할 수밖에 없습니다.

★ 의료보험 ★

연수목적으로 미국에 입국하고자 하는 경우에는 한국에서 비자를 발급받기 전에 먼저 의료보험에 가입을 해야만 비자발급절차가 진행됩니다. 미국에서는 연수/유학생들의 의료보험가입을 법으로 규정하고 있기 때문입니다. 그만큼 의료비가 비싸다는 얘기겠지요. 의료보험에 가입하는 방법은 여러 가지가 있습니다.

국내에서 보험을 들 경우

국내에서 보험을 들 경우에는 해외유학생보험 혹은 해외교환교수/가족보험으로 가입을 하시면 될 것 같습니다. 미국의 연수기관에서 요구하는 조건은 대부분 상해 및 질병치료비(Medical Expenses) US $ 50,000이상, 긴급의료후송비(Medical Evacuation) US $ 10,000이상, 유해본국송환비(Repatriation) US $ 7,500이상, 본인부담금(면책금액)(Deductible) US $ 500이하이며, 이러한 조건에 맞게 각 보험회사에서 상품을 개발한 것으로 알고 있습니다.

국내에서 보험에 가입을 할 경우, 미국 현지에서 가입하는 것보다 비용이 조금 저렴합니다. 만약, 병원에 가는 일이 생길 경우에는 본인이 먼저 의료비를 지불하고 그 영수증을 잘 보관하였다가, 나중에 귀국을 하여 보험회사에 제출하면 그 비용을 지급받게 되는 조금은 번거로운 절차를 밟습니다.

미국의 보험회사에 가입을 하는 경우

보험 가입비가 비싼 대신, 본인이 의료비를 지불하지 않고, 보험회사에서 의료비를 지불하게 됩니다. 그러나 의료보험가입은 비자를 발급받기 전에 진행되는 절차이기 때문에 미국 현지보험회사에 가입하는 것은 쉽지가 않은 것 같습니다.

연수기간 중 한국의 의료보험에 관한 문제

미국에서 체류하고 있는 동안 미국의 의료보험 혜택을 받는다는 것은 거꾸로 말하면 한국의 의료보험 혜택은 받지 못한다는 것을 뜻합니다. 2005년 3월부터는 1개월 이상 해외 체류를 할 경우에는 출국 다음날부터 의료보험료의 납부 및 급여정지가 된다고 합니다. 따라서 입증서류를 첨부하여 가까운 건강보험공단 지사로 신청하시면 됩니다. 직장의료보험 가입자인 경우에는 직장 내의 의료보험담당자가 이에 대한 처리를 진행하기 때문에 직장 내 담당자에게 확인만 하시면 될 것 같습니다. 지역 의료보험가입자의 경우에는 입증서류로 출국 전에는 출국목적입증서류(입학허가서 등)사본, 비행기표 사본이 필요하고, 출국 후에는 출입국사실 증명원을 제출하시면 됩니다.

짐 준비하기

★ 가져갈 물건 ★

이것저것 많이 가져가면 좋습니다. 그러나 너무 많이 가져가면 비행기 탈 때 추가 비용을 지불해야 합니다. 이 추가비용이 미국 현지에서 새 물건을 사는 것보다 더 비쌀 수도 있습니다. 여기에도 몇 가지 원칙이 있는 것 같습니다. 저는 자주 cost effectiveness를 따지는데, 한국에 있는 것을 다 가져가면 좋겠지만, 그것은 불가능하고 미국에서는 구하기 힘들거나, 한국에서 구하는 것에 비해 상대적으로 비싼 것을 가져가는 것이 좋지 않을까 생각합니다. 가지고 가면 좋을 물건들, 가져가면 짐이 될 만한 물건들에 대해 적어보았습니다.

| 가전제품 |

전기압력밥솥의 경우 100/220V겸용이 있다면 가지고 가시는 것이 좋고, 가지고 계신 것이 220V용인 경우에는 미국 현지에서 구하시는 것이 좋을 것 같습니다. 다른 가전제품의 경우도 마찬가지로 100/220V겸용이 아니라면 가급적 가전제품은 현지에서 조달하시는 것이 좋을 것 같습니다. 굳이 전기압력밥솥을 서두에 말씀 드린 이유는 첫째 먹는문제가 해결되야 하기 때문입니다. 둘째 다른 가전제품과 달리 전기압력밥솥의 경우에는 우리나라, 일본인들이 주로 사용하는 것이기 때문에 미국 현지에서 만들어지는 것이 아니라, 미국으로 수출되어 오는 것입니다. 따라서 가격이 우리나라에서 사는 것보다는 비싸기 때문입니다. 하지만, 다른 가전제품은 비교적 무난한 가격으로, 심지어는 더 싼 가격으로 구입을 하실 수가 있습니다. 물론 220V용 가전제품을 가지고 가셔서 대용량 변압기를 사용하실 수도 있습니다. 그러나 여러 가지 불편한 점이 생각했던 것보다 많이 생기는 것 같습니다. 우선은 감압기(220V → 100V)를 사용하는 경우 전력소모가 많이 된다고 합니다. 다시 말하면 감압기 사용으로 인해 전기료가 많이 나온다는 얘기가 되겠지요. 둘째 작동이 잘 되지 않는 경우가 많습니다. 분명이 전원은 들어오는데, 작동이 잘 되지를 않습니다. 이론상으로는 설명이 되지 않지만요. 셋째는 고장이 잘 난다는 점입니다. 참고로 '고장 나면 고치지' 하실 수 있는데, 미국은 인건비가 비싼 관계로 대부분의 가전제품은 고장 나면 고치는 것보다 사는 게 저렴합니다. 참고하시기 바랍니다.

| 본체 |

국내에서 사용하셨던 컴퓨터를 가져가면 크게 문제될 것은 없습니다. MS office 프로그램은 미국에서도 쉽게 구할 수 있으나, 한글프로그램은 구하기가 어렵기 때문에 한글프로그램은 미리 깔아놓는 것이 좋습니다. 모니터는 미국 현지에서도 비교적 저렴하게 구입할 수 있습니다. 따라서 짐이 많은 경우에는 굳이 모니터를 가져가실 필요는 없습니다.

| 노트북 |

반드시 필요하다고 해도 과언이 아닙니다. 한국에서 미리 셋업을 하여, 사용을 해보고 가져가는 것이 좋습니다. 한글프로그램을 미리 깔아 놓으십시오. 노트북에 사용되는 액세서리도 같이 가져가는 것이 좋습니다. 컴퓨터용 액세서리는 한국에서 사는 것에 비해 비싸고, 질이 떨어지는 것 같습니다. USB포트, 한글자판, 마우스, 마우스패드, 화상전화용 웹캠. (물론 미리 테스트를 해봐야겠지요?)

| 한글자판 |

미국에서 판매 중인 자판은 한글자판표시가 되어있지 않습니다. 따라서 한글자판은 가지고 가는 것이 좋습니다. 미국에서 지내는 동안에도 한글을 쓸 일이 많기 때문입니다.

| 공유기 |

요즘은 한 집에 컴퓨터가 한대만 있는 경우는 별로 없습니다. 또한 컴퓨터를 사용하면 인터넷 작업도 필수이기 때문에 공유기는 반드시 필요합니다. 미국에서 공유기를 사려면 한국보다 비싸고, 공유기는 부피가 작기 때문에 국내에서 가져가는 것이 좋습니다.

| 프린터 |

프린터는 미국 현지에서 저렴한 가격에 구입하실 수가 있습니다. 따라서 배로 짐을 보내는 경우가 아니라면 현지에서 장만해도 될 것 같습니다.

| 기타 컴퓨터 부속품 |

USB, USB연결용 포트, 마우스, 마우스패드 등은 공유기와 마찬가지로 이런 컴퓨터 부속품의 가격은 한국에서 사는 것이 훨씬 싸면서 질도 좋습니다. 따라서 부피가 크지 않은 것들은 한국에서 가져가는 것이 좋습니다.

| 인터넷전화 |

미국에 가면 한국에 있는 부모님, 형제, 친구, 직장 동료와 통화할 경우가 많습니다. 통화 방법은 여러 가지가 있지만 인터넷전화가 대표적입니다. 인터넷전화는 한국 집에서 쓰던 인터넷전화기를 그대로 미국으로 가져가 한국에서처럼 사용하는 것입니다. 인터넷을 설치하고 WIFI에 연결하면 바로 사용할 수 있는 장점이 있습니다. 국내통화요금으로 한국에 있는 가족과 통화할 수 있으며, 한국에 있는 가족도 미국으로 부담 없이 전화를 걸 수 있습니다. 또 인터넷전화를 신청하고 스마트AP를 임대하면 영상통화도 가능합니다. 요약하면 인터넷전화기가 있는 장소는 미국이지만, 한국에서 전화한다고 생각하면 됩니다. 그러므로 인터넷전화로 미국 전화번호와 통화하는 경우 한국에서 미국으로 전화를 거는 상황이라 국제요금이 부과되니 인터넷전화기로 미국 전화번호와 통화하는 일은 가능한 한 피해야 할 것입니다.

현재 한국에서 인터넷전화를 사용 중인 분은 고민 없이 인터넷전화기를 그대로 가져가면 됩니다. 인터넷전화 가입 시 약정이 대부분 2~3년이므로 인터넷전화가 없는 분 중 연수를 마치고 귀국하여 인터넷전화를 계속 사용할 계획이 있다면 인터넷전화를 신청하여 가져가기를 권유합니다. 1년만 인터넷전화를 사용할 분은 약정 해지 시에 받을 불이익을 고려해 가입 여부를 결정해야겠습니다. 미국 가정에 인터넷을 설치하면 당연히 WIFI도 같이 설치해 줍니다. 따라서 인터넷전화기를 가져갈 때 무선 공유기를 따로 준비할 필요는 없습니다. 간혹 미국의 인터넷 환경이 달라서 한국에서 가져온 인터넷전화기가 연결되지 않을 수 있습니다. 출국 전 이럴 경우에 문의할 수 있는 통신사의 전화번호를 메모해 가는 것이 좋습니다. 요즘 인터넷전화 가입처 중에 해외용 인터넷전화를 전문으로 하는 곳이 있습니다. 새로 신청하실 분은 해외용 전문업체에 가입하면 미국에서 인터넷전화에 문제가 생겼을 때 좀 더 쉽게 도움을 받을 수 있습니다.

인터넷전화를 가져가지 않는 분이 한국에 전화하는 방법은 다음과 같습니다. 휴대폰을 선불폰(prepaid)으로 가입하면 매월 일정액만큼 국제전화를 할 수 있습니다. 웬만한 경우에는 선불폰으로도 충분히 국제전화를 할 수 있지만 한국에 있는 가족이 미국으로 저렴하게 전화할 수는 없습니다. 아이폰 사용자끼리는 페이스타임(Facetime)으로 한국과 미국에서 영상통화를 할 수 있고, 스카이프(Skype)를 이용하면 PC, 아이폰, 안드로이드폰에서 영상통화나 음성통화를 할 수 있습니다.

| **화상전화용 카메라(웹캠)** |

기러기 아빠처럼 가족의 일부가 한국에 남아 있거나, 할아버지, 할머니께서 손주를 너무 보고 싶어 하는 경우에는 화상전화가 필요합니다. 화상전화용 카메라를 설치하면 얼굴도 보면서 전화하기 때문에 가족이 서로 멀리 떨어져 있다는 생각이 별로 들지 않습니다. 또한 전화비도 절약을 할 수 있어 1석 2조의 효과가 있습니다. 참고로 이

화상전화용 웹카메라
한국에 있는 가족과 전화통화를 하는 방법 중 가장 효과적이면서도 저렴한 방법이 화상통화입니다. 얼굴을 보면서 대화를 할 수 있기 때문에 무척 좋습니다. 출국 전에 화상전화가 잘 되는지 테스트 해보는 것은 필수입니다.

때 사용하는 전화비는 무료입니다. 통화음질은 조금 떨어지지만, 얼굴을 볼 수 있기 때문에 굉장히 좋습니다. 물론 화상전화용 카메라의 가격도 국내가 훨씬 저렴하고, 쌍방 간에 화상전화가 잘 되는지 미리 확인을 하는 것이 좋습니다. 따라서 특히나 화상전화용 카메라는 한국에서 구입을 하셔서 출국 전에 미리 실습을 해보십시오.

| 플러그(돼지코) |

그리고 중요한 것이 플러그입니다. 아주 중요합니다. 우리나라의 전압은 220V라 콘센트에 코드를 끼우는 모양이 동그라미입니다. 그런데, 110V의 경우는 일자형이지요. 보통 노트북에 사용되는 어댑터의 용량은 100-220V 모두 사용할 수 있으므로 플러그 즉 코드의 모양을 바꾸어주는 것만 있으면, 미국에서도 충분히 사용할 수 있습니다. 하지만 어댑터의 용량이 free voltage라고 안심하고 미국에 가셨다가 돼지코가 없어 노트북을 충전을 할 수 없는 경우가 종종 발생합니다. 노트북 외에도 일자형 플러그가 없으면 아쉬운 경우가 생길 수 있으므로 3-4개 정도는 준비해가는 것이 좋습니다. 전파상에 가시면 쉽게 구하실 수 있습니다.

플러그(돼지코)

우리나라의 가전제품은 대부분 220V로 콘센트의 구멍모양은 동그라미입니다. 미국의 가전제품은 110V로 콘센트의 구멍모양은 일자입니다. 플러그는 우리나라의 가전제품중 220/110V 겸용인 경우에 220V 코드 끝의 동그라미 모양을 일자형으로 바꾸어 110V의 콘센트에 끼울 수 있도록 하는 기능을 합니다. 그러나, 변압기의 기능은 없습니다.

| CD |

본인이 좋아하는 노래가 담긴 CD는 아주 유용하게 사용됩니다. 미국에 가면 영어 뉴스만 듣고, 미국방송만 보리라 생각하실 수 있습니다. 그

러나 사람인지라, 종종 한국에서 듣던 음악을 듣고 싶을 때가 있습니다. 특히 장거리 운전을 하는 경우, 졸음이 쉽게 오고 잠을 깨우기 위해 영어 방송을 틀면 더 졸립니다. 그럴 때 특히 도움이 됩니다. 심수봉이나 이문세의 CD가 개인적으로는 많은 도움이 되었습니다.

| 안경 |

우리나라에서는 안경을 맞추려면 안경점에 가서 시력을 측정하고(물론 무료이지요), 안경테와 알을 고른 다음에 이것(안경테와 알)에 대한 값만 지불하면 안경을 맞추는 비용은 모두 지불을 하는 것입니다. 그런데, 미국에서는 안경을 맞추려

영문으로 된 안경(콘텍트렌즈)처방전
이 처방전이 있으면 검안과정이 생략되므로 쉽게 안경(콘텍트렌즈)을 맞출 수 있습니다.

면 먼저, 안경사에게 시력을 측정하여 도수를 처방받아야 하는데, 이 비용(검안비)이 거의 50~100불 사이입니다. 또한 도수를 처방하는 검안사가 안경점에 있는 시간도 정해져 있어서 검안사가 근무하는 시간에 가야 시력을 측정해서 처방을 받을 수가 있습니다. 그 시간에 가지 않으면 헛걸음입니다. 이 과정을 거친 다음에야 그 도수에 맞는 안경을 맞출 수 있습니다. 이런 복잡한 과정과 비용을 생각한다면, 기존의 안경과 함께 한국에서 여벌의 안경을 하나 정도는 더 준비해가는 것이 좋을 것 같습니다. 그러나 도수를 측정할 필요가 없는 선글라스의 경우에는 한국보다 저렴

한 가격으로 유명메이커의 제품을 구할 수 있습니다. 안경에 대해 종합적인 결론은 기존의 안경에 여별의 안경을 하나 더 준비하고, 가능하다면 영문으로 된 시력검사처방전을 가져가는 것도 좋습니다. 만약 안경을 맞추어야 하는 경우 검안 과정을 줄일 수 있으니까요.

| 자명종 |

일부 미국 사람들은 외국인들에 대해 의외로 반발심이 강합니다. 또 한국 사람들에 대해 코리안 타임으로 비웃었던 만큼 시간을 잘 지키는 것이 중요합니다. 처음 미국에 도착하여 시차에 적응을 하려면 자명종은 필수입니다. 재미있는 사실은 동부에서는 시간을 칼같이 지키기 때문에 회의시간은 정각에 시작을 합니다. 그러나 서부에서는 그렇지만은 않은 것 같습니다.

| 약 |

타이레놀이나 종합감기약, 알레르기 약 등은 마트에서도 살 수 있습니다. 그러나 의사의 처방이 필요한 약들은 챙겨 가시는 것이 좋습니다. 평소에 드시는 약이 있다면 충분한 양을 처방을 받아서 가져가는 것이 좋습니다. 처음에는 시차 적응에 도움이 되도록 수면제를 가져가는 것도 좋습니다. 수면제는 비행기에서부터 드시면 시차적응이 더 빨라질 수 있습니다. 어린아이가 있는 경우에는 좌약형 해열제도 가져가십시오. 좌약형 해열제는 마트에서 보지 못한 것 같습니다.

| 식기류 |

숟가락은 미국에서도 사용하는 것이니 구하기가 쉬운데, 젓가락은 많이 사용하는 것이 아니기 때문에 구하기가 어렵습니다. 그나마 사용되는

것도 거의 대부분 나무젓가락이므로 젓가락은 여유 있게 가져가는 것이 좋을 것 같습니다. 그릇이나, 접시, 냄비 등은 배편을 이용한 이삿짐이 아니라면 현지에서 구하는 것이 편하실 것 같습니다.

| 이불보, 매트리스커버, 베갯잇 |

미국제품은 한국제품에 비해 질이 많이 떨어지는 것 같습니다. 이불보, 침대커버, 베갯잇이 부피는 크지만 무겁지는 않습니다. 압축팩으로 처리를 하면 부피도 줄일 수 있습니다. 이불보 안에 넣는 내용물(오리털이불 등)은 압축팩으로도 부피를 줄이는 것에 한계가 있으므로, 현지에서 조달을 하는 것이 좋을 것 같습니다. 이렇게 준비를 해가시면 cost effectiveness 라는 측면 외에도 미국에 도착한 첫날 아주 요긴하게 사용할 수 있습니다. 대부분 미국에 도착한 첫날 밤, 새 집에 들어서면 텅 빈 아파트가 기다리고 있을 것입니다. 먹는 것이야 밖에서 대충 해결한다고 해도, 잠은 새 집에서 자야겠지요. 이 때 한국에서 가져간 이불보, 침대커버, 베갯잇은 아쉬운 대로 요긴하게 쓸 수 있습니다.

| 어른옷 |

어른의 경우에는 그 지역의 계절에 맞추어, 한국에서 입던 옷 중 편하게 입는 옷을 위주로 준비하시면 될 것 같습니다. 한국에서 유명하다고 하는 평상복들도 할인기간을 잘 이용하면 저렴한 가격에 구입을 하실 수 있습니다. 영업직인 경우를 제외하고는 대부분 티셔츠와 바지가 기본복장입니다. 따라서 정장은 많이 필요하지는 않은 것 같으니, 정장은 1-2벌 정도 준비하시면 될 것 같습니다. 겨울외투가 필요한 지역의 경우에는 준비를 해 가십시오. 반면 양말과 속옷은 국내제품이 월등히 우월하기 때문에 이 두 가지는 연수기간 동안 사용할 수 있게 넉넉히 준비하십시오.

| 신발 |

미국에서 사와야 할 품목을 고른다면 그 중의 하나가 신발일 것입니다. 굳이 신발을 꼽는 이유 중의 하나는 모양이 예뻐서가 아니라 편해서입니다. 우리나라 신발은 길이에 따라서만 분류가 되는데, 미국신발은 길이 이외에도 볼의 넓이에 따라서 narrow, medium, wide의 세 종류로 분류가 되어있습니다. 우리나라 분들은 볼이 넓은 편이여서 본인이 평소에 신는 신발의 길이에 넓이를 wide로 선택하면 무척 편할 것입니다. 정규매장이 아닌 할인매장을 가시면, 우리가 소위 메이커라고 하는 신발들을 저렴한 가격에 사실 수 있으므로 무리해서 신발을 많이 가져가실 필요는 없을 것 같습니다. 오히려 미국에서 귀국하실 때 편한 신발을 더 사가지고 오십시오.

| 음식물 |

미국에 간다고 하시면 흔히 '김치하고 고추장을 챙겨야지' 하고 생각하는데, 한국마트가 있는 곳이라면, 굳이 가져갈 필요가 없습니다. 된장이나, 참기름 이런 것들도 한국보다 조금 비싸긴 하지만 구하기 어렵지 않습니다. 운반 상 문제(포장이 터졌을 때를 생각하시면……)가 생길 수도 있으므로 집에서 담근 아주 맛있는 된장이나 고추장이 아니라면 굳이 가져가시라고 추천하고 싶지는 않습니다. 김도 종류별로 다양하게 한인마트에 진열이 되어있어 큰 문제가 없습니다. 반면 멸치나, 미역 같은 것은 종류가 다양하지 않고, 생각보다 상품의 질이 좋지 않은 것 같습니다. 따라서 이 두 가지는 집에서 즐겨 드시는 것으로 준비를 해 가시는 것이 좋을 것 같습니다.

| 식량 |

미국에 입국을 해서 처음 장 보러 갈 때까지의 기간 동안 식사문제를 해결할 정도의 식량은 비상으로 준비를 하는 게 좋을 것 같습니다. 햇반 2-3개와 라면 2-3개, 김, 라면 끓일 냄비 1개, 가족수대로 준비한 수저세트 정도면 충분할 것 같습니다. 물론 필요 없는 경우가 대부분이겠지만, 만약의 사태에 대비하여 이 정도는 준비를 하는 것이 좋을 것 같습니다.

| 한국에 대해 소개한 영어책 |

저는 아이들 학교에서 한국 소개를 하라는 숙제가 나오면, 그때 참고하려고 준비를 해갔었는데, 아주 도움이 되었습니다. 숙제할 때도 도움이 되었지만, 나중에 미국친구에게 그 책을 선물로 주니 너무 좋아하더군요. 대형 서점에 가면 구하실 수 있으실 꺼라 생각됩니다. 여러 가지의 책 중에서 『먼나라 이웃나라』〈한국 편〉의 영문판이 특히 도움이 되었습니다.

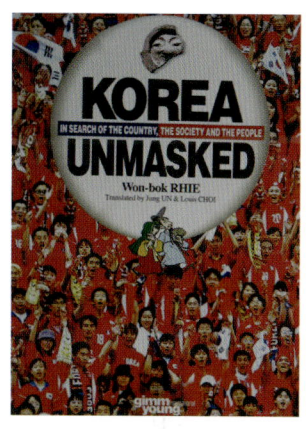

『먼나라 이웃나라』〈한국편〉의 영문판
한국에 대해 재미있게 소개한 책으로 영문으로 되어있기 때문에 자녀들의 숙제에 도움이 될 수 있습니다.

| 아이들 옷 |

아이들 옷을 너무 무리해서 많이 가져갈 필요는 없을 것 같습니다. 한창 크는 나이이기 때문인지 계절이 지날 때마다 옷을 새로 사야 하는 경우가 많기 때문입니다. 따라서 넉넉하게 맞는 옷이 아니라면 다음 계절 옷은 많이 가져가지 않으셔도 될 것 같습니다. 또한 애들 사이에도 유행이라는 것이 있습니다. 아이들이 미국에 입국한 후 한 달 정도만 지나면

한국에서 가져간 옷은 잘 입지않으려고 합니다. 다른 아이들의 옷과 스타일이 다르기 때문입니다. 한 가지 챙겨야 할 것이 있다면, 추수감사절이나, 자기 나라를 소개하는 특별한 날이 있으므로 자녀 중 초등학생이 있는 경우에는 한복을 준비하는 것이 좋습니다.

| 아이들 책 |

초창기에 적응을 하려면 어른도 무척 힘이 듭니다. 어른보다는 덜 하겠지만, 아이들도 마찬가지일 것입니다. 이때 영어공부를 위해서 영어책만 읽으라고 하면 아이들도 무척 스트레스를 받을 것입니다. 아이들이 좋아하는 책을 몇 권 정도는 가져가는 것이 좋습니다. 점차 미국생활에 적응하면서 한글 책을 치우시더라도 초창기에는 한글책이 아이들에게 많은 위안을 줄 것입니다. 또한 수학의 경우 한국이 미국보다는 진도가 빠르므로 수학문제집은 한국의 학년에 맞추어 준비를 해 가셔서 귀국에 대한 준비를 하시는 것이 좋습니다.

| 아이들 학용품 |

연수선배들이 제가 미국연수 갈 때 미국학용품에 비해 우리나라 학용품이 훨씬 아기자기하고 예쁘다며 연필이나, 지우개 등을 많이 가져가라고 조언을 하였습니다. 그러나 실제로는 아이들이 사용하기에는 미국 학용품이 조금 더 편한 것 같습니다. 오히려 저의 경우에는 미국에서 유용하게 사용했던 연필 뒤에 꽂는 지우개를 귀국할 때 많이 사가지고 왔습니다.

| 전자사전 |

아이들이 공부하는 데는 절대적으로 필요한 것 같습니다. 단어의 뜻을 찾는 것에서부터 발음을 직접 들어보는 기능까지 다양하게 사용할 수 있

습니다. 중학생인 큰아이는 학교에 가지고 가서도 유용하게 사용을 하였습니다. 어른인 저도 전자사전의 도움이 필요한 경우가 많았습니다. 가급적이면 사용하기 편한 것으로, 그리고 최소한 아이들 숫자대로는 준비를 해가는 것이 좋을 것 같습니다.

| 선물용 기념품 |

선물용으로 한국을 대표할 만한 기념품을 몇 개 준비하면 요긴하게 쓸 수 있습니다. 부피도 많이 나가지 않으면서 비싸지 않은 것으로 남대문시장이나 인사동에서 준비하면 될 것 같습니다. 자개 명함갑, 부채, 컵받침, 누비지갑 등이 요긴한 것 같습니다.

| 이발 기구 |

갑자기 이발 기구라고 적으니까 당황하는 분들도 있으실 겁니다. 그런데, 미국은 이미 만들어진 제품의 가격은 별로 비싸지 않은데, 사람의 손이 필요한 부분은 비쌉니다. 인건비가 비싸다는 것이겠지요. 일례로 머리 자르는 것도 그렇습니다. 국내에서는 남자커트가 5천원에서 만원이지만, 미국에서는 20불 전후이고 여기에 15%의 팁까지 더한다면 최소 한국의 두 배는 생각을 하셔야 합니다. 여자들의 경우에는 머리를 기를 수도 있지만, 남자 분들은 그렇지 않기 때문에 이발 기구를 마련해 가면, 비용대비 효과를 충분히 보실 수 있을 겁니다. 물론 처음에는 조금 어색한 작품이 나오겠지만, 한두 번 커트를 하시면서 점차 좋은 작품이 되는 것을 경험하시면, 가족 간의 정도 쌓이고, 돈도 절약 됩니다.

| 미국여행 책자 |

미국에 계신 동안 여행을 자주 하시게 됩니다. 이때 영문으로 된 여행

책자를 보는 것이 가장 이상적이지만, 여러 가지 정황상 한글로 쓰인 미국여행 책자가 도움이 됩니다. 따라서 출국 전에 미리 한글로 쓰인 미국여행 책자를 준비 하는 것이 좋습니다.

| 아이들 악기 |

한국에서 아이들이 악기를 배운 경우에는 미국에서도 계속 연습을 하는 것이 좋습니다. 피아노처럼 부피가 큰 경우가 아니라면, 가급적 한국에서 쓰던 악기를 가져가는 것이 좋습니다. 미국에서 악기를 새로 산다는 것은 어렵습니다. 미국에서 레슨을 받지 않더라도 한국에서 배운 것을 복습하는 것만으로도 많은 도움이 되는 것 같습니다. 참고로 악기는 일반 수하물과는 조금 다른 취급을 받기 때문에 비행기 탈 때에도 가지고 탑승을 할 수 있습니다.

| 한국 운전면허증 |

이것이 있어야 운전면허시험 중 필기시험만 합격하여도 임시면허증을 받을 수 있습니다.

| 한국에서 사용하던 신용카드 |

호텔에 투숙을 하거나 차량을 렌트할 때 결제여부와 상관없이 신용카드를 요구하는 경우가 있습니다. 이때 한국에서 가져간 신용카드가 요긴하게 사용됩니다(결제는 다른 방법으로 하셔도 됩니다). 보증금(deposit)의 의미로 보관을 하는 것이라 생각하시면 될 것 같습니다.

merica Story

★★★★★ 짐 꾸리기
★★★★★

한꺼번에 짐을 싸게 되면 중요한 것이 빠질 수 있습니다. 따라서 약 한 달에 걸쳐 조금씩 준비하시는 것이 좋습니다. 미국에서 생활하기 위해 짐을 너무 많이 가지고 가면 여행길이 힘들 것이고, 너무 적게 가지고 가면 현지에서 돈이 많이 들 것입니다. 따라서 가지고 가기 불편하지 않는 범위 내에서 효율적으로 짐을 가지고 가는 것이 중요할 것 같습니다.

★ 이민가방 ★

이민가방을 마련하는 가장 손쉬운 방법은 최근에 연수 다녀오신 선배 분께 얻는 것입니다. 그것도 여의치 않거나 수량이 부족하다면, 남대문 시장이나, 인터넷에서 이민가방을 사시면 될 것 같습니다. 2단 혹은 3단 가방을 사시면 됩니다. 이민가방은 출국할 때만 필요한 것이 아니라, 입국을 할 때도 반드시 필요합니다. 그리고 공항에서 가방이 터지는 일이 일어날 수 있으므로 너무 저렴한 것은 피하는 것이 좋을 것 같습니다. 2008년 기준으로 3-5만 원대가 무난한 것 같습니다. 이민가방은 주로 검은색이나 고동색, 감색으로, 비슷한 색에 비슷한 모양이 많기 때문에 수하물 찾는 곳에서 가방을 분실할 가능성이 굉장히 높습니다. 이럴 때 가장 피해를 보는 사람은 당사자입니다. 따라서 가방에는 비행사에서 붙여주는 이름표를 붙이는 것 외에 본인이 별도로 이름표를 달아놓는 것이 좋습니다. 이름표에는 국내의 주소, 전화번호뿐 아니라 영문이름, 미국의 주소, 전화번호를 적어놓으십시오. 또한 특이한 표시(예: 빨간색 끈을 달아놓는다)를 해놓는 것이 분실의 위험을 줄일 수 있습니다.

★ 짐 미리 부치기 ★

짐을 부치는 방법은 크게 두 가지가 있습니다. 하나는 배편을 이용하는 것이고, 하나는 우체국을 이용하는 것입니다.

해운회사를 통한 운송의 경우

배로 짐을 먼저 보내는 경우, 운송비의 기준은 부피가 됩니다. 기본단위는 큐빅으로 1큐빅은 가로X세로X높이가 각각 1m이나 박스의 두께 때문에 실제 내부는 각각 90cm입니다. 큐빅당 운송비는 회사마다 조금씩 다릅니다. 기본경비는 60-70만 원정도이고 큐빅의 개수에 따라 가격이 더해지는데, 가구를 적당히 가져가게 되면 4인 가족 기준으로 200만 원 정도 생각하시면 될 것 같습니다. 노파심에서 하는 말일 수도 있지만, 간혹 해운회사를 통한 운송의 경우 짐이 행방불명되는 경우가 있습니다. 따라서 다소 가격이 비싸더라도 믿을 만한 회사를 선택하는 것이 중요하고, 수하물에 대한 보험도 가입하는 것이 좋습니다. 기본경비가 비싸기 때문에 짐을 많이 가져가시는 경우에는 도움이 되지만, 짐이 많지 않다면, 우체국을 이용하는 것이 저렴할 수도 있습니다. 회사에서 직원들이 집으로 내방하여 짐을 꾸려주기 때문에 포장에 대한 부담은 없습니다. 배편을 이용하면 짐이 도착하는데 1-2개월 정도 걸리기 때문에 미리 보내는 것이 좋습니다.

미국에 도착하였을 때 배편으로 미리 보낸 짐이 도착하지 않은 경우, 짐이 도착할 때까지 불편하게 지내야 합니다. 따라서 먹고 사는데 당장 필요한 것들은 직접 가지고 가는 것이 좋습니다. 그리고 도착지의 주소는 가능하면 항구(door to port)가 아니라, 연수지 근처의 주소(door to inside)로 하는 것이 좋습니다. 아직 주소가 정해지지 않은 경우라도, 나중에 주소변경을 하면 됩니다. 만약 짐의 최종목적지를 항구로 지정해 놓을 경우 짐을 찾으러 가는 것이 무척 부담스럽습니다. 또한 가능하다면, 출국하기 전부터 계속 짐의 위치를 추적하십시오. 한국인이 맡은 구역은 확실한데, 다른 사람이 맡은 구역은 짐의 이동이 delay되는 경우가 종종 있습니다.

우체국을 이용하는 경우

우체국을 이용하는 경우 운송비의 기준은 무게가 됩니다. 우체국에서는 규격박스가 정해져 있습니다. 우체국에서 정한 일정한 크기의 종이박스에 물건을 넣어야 하며, 박스의 크기는 3-4가지이고, 최대 허용 무게는 20kg이며 박스당 약 5만 원 정도의 운송비가 책정되는 것으로 알고 있습니다. 물론 배를 이용해서 배달이 되기 때문에 짐이 도착될 때까지의 기간은 약 1달 정도라고 생각하시면 됩니다. 박스가 종이이기 때문에 내부의 물품이 부서질 수도 있으며, 종종 박스가 터지면서 내용물이 빠져 나오기도 합니다. 따라서 내부 물품이 손상되지 않도록, 그리고 내용물이 빠져나오지 않도록 포장을 하여야합니다. 물론 포장은 본인이 직접 해야 하고, 우체국에도 짐을 직접 가지고 가야합니다. 장롱이나 식탁 등 큰 짐을 보내는 것이 아닌 경우 우체국을 이용하시면 비용의 부담을 줄일 수 있습니다. 책이나 옷(당장 입을 옷이 아닌 것), 저장 음식 등을 보낼 때 유용합니다. 특히나, 책은 부피에 비해 상대적으로 무겁습니다. 비행기를 타고 갈 때 많은 책을 가지고 가는 것은 좋은 방법은 아닌 것 같습니다. 쉽게 무게가 초과되기 때문입니다. 따라서 가구를 따로 보내지 않아 배편을 이용할 필요가 없는 경우에는 우체국을 이용해 책을 미리 보내면 비용의 부담을 줄 일수 있습니다. 이때에도 반드시 파손이나 분실에 대한 보험은 가입을 하는 것이 좋습니다. 실제로 주변에서 짐이 분실되어 곤란을 겪는 것을 많이 보았습니다.

비행기를 이용한 택배

또 한 가지는 비행기를 이용한 택배입니다. 배편을 이용하기에는 짐이 많지 않고, 우체국을 이용하기에는 짐을 싸기도 귀찮고, 파손도 염려되고, 분실도 염려되고, 짐도 빨리 받아보고 싶은 경우에 고려해 볼 수 있습니다. 우체국을 이용하는 것보다는 조금 비싸지만, 안전하고, 편하게 그리고 빨리 물건을 옮길 수가 있습니다. 짐을 미리 붙이지 않기 때문에 한국생활도 덜 불편하고, 미국에 도착해서 짐을 바로 받을 수 있고, 분실 가능성도 거의 없어 조금 비싸더라도 가장 편하고 안전한 방법이라고 생각됩니다. 인터넷에서 ○○택배의 국제택배 편을 클릭해보시면, 여러 가지 상품이 나와 있을 것입니다. 택배를 이용할 경우 배달기간은 약 2~7일이므로 출국 3~4일전에 보내시면 입국시점에 맞추어 짐을 받으실 수 있습니다. 분실가능성이 거의 제로이므로 분실에 대한 보험에 따로 가입할 필요는 없습니다.

저의 경우에는 가구 등 현지에서 비교적 쉽게 구입할 수 있는 것들은 현지에서 구하기로 계획을 세웠고, 한국에서 가져간 짐의 대부분은 책이었습니다. 이런 경우 우체국이나, 항공택배를 이용하면, 공항에서 수하물 무게를 걱정하고, 짐을 힘들게 운반하는 것에서 어느 정도 해방될 수 있으리라 생각합니다.

★ 세간 장만하는 방법 ★

한국에서 모두 가져가기

한국에서 살던 집을 비워주어야 하고, 그렇기 때문에 세간을 어딘가에 보관해야하는 경우, 많이 선택되는 방법입니다. 하지만 이런 경우가 아니라면 굳이 이 방법을 추천하고 싶지는 않습니다. 운송비가 비싸고(편도에 200만 원정도), 운송기간도 약 1~2개월 정도로 길며, 세간을 미리 보내고 나면 출국 때까지는 불편한 생활을 해야 하고, 미국에 도착해서도 짐이 바로 도착하지 않을 수 있습니다. 또한, 가전제품의 경우에는 전압이 맞지 않아 고생을 할 수도 있기 때문입니다.

연수 마친 사람에게 통째로 물려받기

해외이사 비용을 줄일 수 있고, 미리 짐을 붙치지 않아도 되기 때문에 많은 사람들이 이용을 하고 있습니다. 미국 입국 약 한달 전부터 연수가 시고자 하는 지역의 한인사이트에 접속하면서 알아보실 수 있습니다. 한국에서 짐을 모두 가져가는 경우 이삿짐의 운송기간에 변수가 있고, 현지에서 새로 장만하는 경우에는 구입하는데 시간이 걸리기 때문에 이 방법으로 세간을 장만하는 것이 가장 빠르게 정착할 수 있는 방법인 것 같습니다. 그 지역에서 연수중인 지인께 세간을 물려받는 것이 가장 쉬운 방법입니다. 그런데 세간과 더불어 그 분이 살던 집까지 물려받는 경우도 있습니다. 즉 그 분은 한국으로 출국을 하고, 그 집으로 들어가서 사는 것입니다. 따라서 그 집에는 모든 세간이 이미 준비되어 있습니다. 이런 경우 세간을 장만하는 것 외에 집구하기, 전기, 전화, 인터넷, TV 연결 등, 초기 정착 시에 필수적으로 해야 하는 몇 가지 과제들이 해결되는 것처럼 보입니다. 그러나 집까지 물려받는 경우 몇 가지 문제가 발생할 수 있습니다. 우선 사람마다 집에 대한 기호가 조금씩 다릅니다. 좋아하는 방향이나, 층, 스타일 등이 다를 수 있기 때문입니다. 또한 집 렌트시 보증금(우리나라로 치면 하자보수비라고나 할까요?)으로 맡겨두었던 돈은 이사 나갈 때 집의 파손정도에 따라 일정 액수를 감하고 돌려받게 됩니다. 만약, 집까지 통째로 물려받게 되면, 전에 살던 분이 파손했던 부분까지도 책임을 져야합니다. 따라서 세간을 물려받는 것은 좋으나, 집까지 통째로 물려받는 것은 다시 한 번 고려를 해보는 것이 좋을 것 같습니다. 세간만 물려받는 경우 짐을 옮기는 것이 걱정될 것입니다. 미국에도 이삿짐을 옮겨주는 이삿짐센터 비슷한 곳이 있습니다. 이사도우미도 그곳에서 같이 구하실 수가 있습니다. 또한 이사트럭을 빌려서 직접 짐을 옮길 수도 있습니다(구입한 물건을 옮기는 방법 편을 참조하십시오).

미국에서 구입하기

일부는 새것으로 장만을 하고, 일부는 그 지역의 한인사이트에서 무빙세일로 구입을 합니다. 또 어떤 것은 중고가게에서, 또 어떤 것은 게러지(garage)세일을 통해 구입을 하는 것입니다. 또 부엌용품과 아기용품은 IC

에서 빌릴 수 있는 것들도 있습니다. 급한 것은 급한 대로 구하고, 급하지 않은 것은 시간이 되는 대로 천천히 구하면 나름대로 미국사회에 적응하는 하나의 재미를 느끼실 수 있으실 것입니다.

중고물품 사기

재미있는 것은 무빙세일이나, 벼룩시장, 게러지 세일 외에도 중고물품만을 파는 가게가 미국에도 있다는 것입니다. 미국도 경제가 좋지 않다보니 심지어는 주요 일간지에서도 중고물품 가게

굳윌
미국의 대표적인 중고물품가게 중 하나입니다. 하지만 가격표도 붙어있고 교환도 됩니다. 각 도시마다 중고물품가게가 있기 때문에 잘 찾아보시면 좋은 물건을 저렴한 가격에 구하실 수 있습니다.

를 홍보할 정도로 많은 사람들이 이용을 하는 것 같습니다. 직접 그곳에 가보면 재미있는 물건들도 많고, 가격도 무척 저렴합니다. 인터넷에서 근처의 Goodwill (www.goodwill.org), 혹은 thrift shop을 검색하여 찾아가 보십시오. 그곳의 물건은 대부분 기증받은 물건으로 알려져 있습니다. 따라서 일정한 주기를 두고 계속 신상품(중고이긴 하지만)이 들어오고, 일정기간이 지난 상품은 세일을 하기도 합니다. Goodwill의 경우에는 대형가구/대형가전제품 외의 물건들이 준비되어 있고, thrift shop은 대형가구나 대형가전제품까지 구비되어 있어 Goodwill보다는 규모가 큰 느낌입니다. 잘 고르면 아주 저렴한 가격에 좋은 물건들을 구입하실 수 있습니다.

또한 귀국을 하실 때 물건을 처분하기 힘든 경우 이곳에 기증을 하셔도 될 것 같습니다.

★ **구입한 물건을 옮기는 방법** ★

한국과 달리 미국은 땅이 워낙 넓다보니 '배보다 배꼽이 더 크다' 는 것을 운송료에서 종종 경험합니다. 중고 책을 아마존에서 주문하면 책값은 1달러인데, 운송료로 4불을 지불해야 합니다. 이와 마찬가지로 중고 가구를 산 경우, 가

트럭 렌탈
가구를 옮기거나, 이사를 할 때는 트럭을 직접 빌려서 짐을 옮길 수 있습니다.

지고 있는 자동차로 운반이 어려우면 밴이나 소형트럭을 빌려야 합니다. 이러한 차를 빌릴 경우에는 렌터카 회사를 이용하시면 됩니다. 그러나 짐이 많아서 밴이나 소형트럭으로 옮길 수 없는 경우에는 이삿짐을 옮길 수 있는 차량을 이용해야 합니다. 비용 면에서 보면 렌터카 회사에서 차량을 빌리는 것보다 이곳에서 차량을 빌리는 것이 더 저렴한 것 같습니다. 단지 한국인에게 널리 알려져 있지 않아서 이용하지 못하고 있는 것 같습니다. 이삿짐 차량에 대해서 자세히 설명을 드리겠습니다. 한국에서는 트럭의 크기를 1톤, 혹은 2톤, 즉 중량에 따라 나누는데, 미국에서는 트럭의 적재함 길이에 따라 구분을 합니다. 이삿짐 트럭을 빌려주는 회사 중 가장 많이 알려진 회사가 Budget이나 U-HAUL이므로 이들 홈페이지(www.uhaul.com)에 들어가셔서 원하는 날짜와 시간, 원하는 길이의 트럭

을 선택하여 등록을 하십시오. 그러면, 집에서 가장 가까운 대리점에서 전화가 옵니다. 이때 트럭을 픽업할 시간을 정한 다음, 그 시간에 운전면허증을 가지고 대리점에 가셔서 트럭을 픽업하신 후에 이삿짐을 옮기시면 됩니다. 물론 운전에서부터 이삿짐의 운반 모두 본인이 직접해야합니다. 또 한 가지 방법은 이삿짐센터를 이용하는 방법입니다. 이곳에서는 트럭만을 대여할 수도 있고, 필요한 경우에는 이삿짐 운반을 도와주는 사람도 같이 구할 수 있습니다.

★ 빌려서 사용하기 ★

미국에서의 생활이 1년 미만이라면 가구 및 가재도구를 장만하기보다 빌려서 사용하는 것도 한 가지 방법입니다. 미국은 빌려 쓰는 문화가 우리나라보다 잘 발달되어 있는 것 같습니다. 가구나 가재도구를 구입하고 운반하는 과정이 힘들거나, 혹은 번거롭다고 여겨지는 경우에는 대여회사를 정하여 이곳에서 일괄 빌려서 사용하고 귀국할 때 다시 반납을 하면 물건을 구입하면서 생길 수 있는 운반상의 문제와 귀국 시 처분의 문제도 같이 해결이 되기 때문에 편리할 수 있습니다. 비용적인 측면에서 본다면 손익분기점이 1년이라고 합니다. 즉 미국에서의 체류기간이 1년을 넘으면 물건을 사는 것이 유리하고, 1년이 안 되는 경우에는 빌려서 쓰는 것이 편할 수 있다고 합니다. 가구를 빌려주는 회사는 지역마다 여러 개가 있습니다. 대표적인 회사는 www.cort.com, www.aaronrents.com 입니다. 역시나 큰 회사를 이용하면 좀 더 다양한 종류의 물건 중에서 선택을 할 수 있다는 장점이 있습니다. 이때에도 계약시의 조건을 유의해서 읽어보시기 바랍니다.

★ 참고사항 ★

미국의 집에 들어가 보면, 화장실에는 등이 있는데, 방이나, 거실의 천장에는 등이 없는 것을 확인할 수 있습니다. 아마도 본인이 좋아하는 스타일로 등을 달라는 주문인지. 따라서 우리나라와는 달리 조명을 위해서는 긴 스탠드가 필요합니다. 시력이 나빠지는 것을 예방하려면 방마다 적어도 하나씩은 있어야 하지 않을까 생각됩니다.

국내 주거래 은행에서 할 일

★ 해외체제자 송금등록 ★

해외체제자 송금등록 시 필요한 서류는 여권, J1비자, 소속단체장의 장이 발급한 출장/파견증명서 등입니다. 해외체제자 송금이란 사업, 출장, 교육 등의 이유로 일정기간 해외에 체류하는 사람에게 체제 경비명목으로 송금하는 것입니다. 해외체제자 송금으로 등록이 되면 해외송금 액수의 한도가 연간 10만 불로 상향되며, 환율 우대도 받을 수 있습니다. 이 정도의 액수라면 미국생활도 별 문제없이 지내실 수 있으실 겁니다.

해외체제자 송금등록을 하기 위해서는 위의 세 가지 서류가 필요합니다. 여권과 소속단체장의 장이 발급한 출장/파견증명서는 미리 확보를 할 수가 있지만, J1비자는 거의 출국에 임박하여 받게 되는 경우가 대부분입니다. 출국 날짜가 가까워질수록 더 바빠지지만, J1비자가 없으면 미리 할 수 있는 일은 아닙니다.

급여가 이체되는 은행이나, 주거래 은행에 가서 해외체제자 송금을 등록하십시오. 해외체제자 송금등록은 어느 지점에서나 가능한 것은 아닙니다. 따라서 은행을 방문하기 전에 해외체제자 송금등록이 가능한 지점을 미리 확인하고 방문하는 것이 좋습니다. 가능하면 주거래 은행에서 송금등록을 하셔야 환전 시 더 많은 환율 우대 혜택을 받을 수 있습니다. 위의 세 가지 서류를 가지고 주거래 은행에 가셔서 외환담당자와 만나십시오. 외환담당자가 서류를 확인한 다음 거래외국환은행지정신청서를 작성하라고 줄 것입니다. 이것을 작성하여 제출하면, 해외체제자 송금으로 지정이 됩니다. 만약을 대비하여 해외에서 현금을 인출할 수 있는 현금 인출카드도 만드는 것이 좋습니다.

★ 환전 ★

주거래은행에서 해외체제자 송금등록을 하시면서 환전을 하는 경우에는 환율 우대를 받기 때문에 환전 시의 손실을 어느 정도 보완할 수 있습니다.

미국에 입국 후 며칠 내로 집 계약 보증금, 전기나 인터넷 신청 보증금, 살림살이 장만, 자동차를 구입하는 등 초기에 많은 현금이 필요하게 됩니다. 은행 계좌를 개설한 뒤는 인터넷뱅킹으로 한국에서 송금을 할 수 있지만 집에 인터넷을 설치하고 난 뒤에나 가능한 일이므로 출국 시 어느 정도 많은 현금이 초기 정착 자금으로 필요합니다. 현행 외환법 상 출국 및 입국 시 한 가족당 미화 1만 불 이상을 소지한 경우에는 반드시 세관에 신고하게 되어 있습니다. 신고를 하지 않는 경우 법률 위반으로 불이익을 받을 수 있으니 신고를 하시기 바랍니다. 신고 요령은 주거래은행에서 달러로 환전할 때 외국환신고필증을 받아 출국 시 보여주시면 됩니다. 또한 미국 공항에 입국할 때도 한 가족당 1만 불 이상 소지하면 입국신고서에 1만 불 이상을 소지하고 있음을 체크하고 꼭 세관에 신고하셔야 합니다. 신고를 하지 않고 보안검색대를 통과하다가 적발되면 현

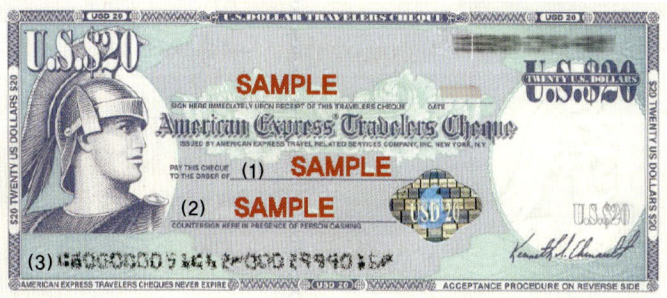

여행자수표
수표를 발부 받는 즉시 (1)에 사인을 하시고, 누군가에게 돈으로 지불을 할 때 (2)에 사인 하십시오. (1) 과 (2)의 사인이 동일해야 돈으로서의 효력이 있습니다. 분실을 대비해 수표 번호(3)도 적어두십시오.

금은 전액 압수되며 압수된 현금을 찾기 위해서는 법률적인 절차를 거쳐야 하며 약 1개월 이상이 소요됩니다. 연수를 마치고 한국으로 돌아올 때도 1만 불 이상을 소지하게 되면 입국 시 한국 세관에만 신고하시면 됩니다. 많은 현금을 가지고 여행을 하는 것이 위험하다고 생각되는 경우에는 일부를 여행자수표로 바꾸는 것도 좋습니다. 여행자수표를 발부 받은 경우에는 분실에 대비하여 여행자수표 번호를 적어 따로 보관하십시오. 여행자수표는 사인하는 곳이 2군데 있습니다. Sign here(1)라고 적혀있는 곳에는 수표를 발부 받은 즉시 사인을 합니다. 만약 Sign here라는 곳에 사인이 되어있지 않은 채로 분실이 되면 여행자수표의 번호를 적어두어도 환불을 받을 수 없습니다. 따라서 반드시 사인을 해 놓아야 합니다. Counter sign(2)이라고 적혀있는 곳은 수표를 누군가에게 줄 때, 즉 돈으로 지불할 때 사인을 하는 곳입니다. 간단히 말하면, Sign here와 Counter sign란에 동일한 사인이 되어있을 때 이 수표는 돈으로서의 효력이 있는 것입니다. 그러나 Sign here에는 사인이 되어있고, Counter sign에 사인이 되어있지 않거나, 두 곳의 사인이 다른 경우에는 돈으로

서의 효력이 없습니다. 만약 두 곳에 모두 사인이 되어있지 않은 채로 분실을 한 경우에는 수표의 원주인이 누구인지 확인할 수 없기 때문에(수표의 주인은 Sign here의 사인으로 확인을 하게 됩니다) 분실을 하였을 때 여행자수표의 번호를 알고 있어도 환불을 받을 수 없는 것입니다.

★ 인터넷뱅킹 ★

소속되어있는 단체로부터 급여가 이체되는 통장의 인터넷뱅킹이 가능하도록 하는 것이 좋습니다. 만약 인터넷뱅킹이 개설되어 있지 않다면 출국 전에 미리 개설하십시오. 이렇게 해놓으시면 다달이 입금되는 급여를 미국의 은행으로 송금할 수 있습니다. 바로 해외은행송금을 이용하는 것입니다. 이때 해외체제자로 등록이 되어 있으면 이체 한도가 상향조정되어 있어 송금에 큰 문제는 없습니다. 또한 공과금 납부나, 적금 불입 등 국내은행을 통해 해결해야 할 일들도 인터넷뱅킹이 있으면, 세계 어디에서나 처리하실 수 있습니다. 참 좋은 세상입니다. 이러한 국내은행 업무를 미국에서 인터넷뱅킹으로 처리하려면 반드시 준비하셔야 하는 것이 인터넷 보안카드 및 코드표입니다. 이것 역시 출국 시 꼭 챙겨야 하는 준비물입니다.

한국에서 송금 시 수수료(전신료+송금 수수료)는 송금 액수와 무관하게 송금 건당 지불해야 합니다. 따라서 환율이 안정적이라면 한 번에 많은 금액을 송금하는 것이 수수료를 절약하는 방법이 됩니다. 현재 이체금액은 일반 보안카드는 일일 1,000만 원으로 제한되어 있고 일회용 비밀번호생성기(OTP)는 일일 5,000만 원까지 가능합니다. 주거래 은행에서 OTP를 받아 이체 한도를 5,000만 원까지 만들어 놓는 것이 송금 수수료를 절약하고, 혹시 한국에서 큰 금액의 금융 거래가 필요할 때 유용할 수 있습니다.

★ 영문은행잔고증명 ★

미국에서는 연수자의 신용을 증명할 길이 없습니다. 왜냐하면 미국에서는 신용을 쌓은 적이 없기 때문입니다. 종종 본인의 신용이 증명되지 않아 집을 렌트할 때 곤란을 겪기도 합니다. 그러나 한국에서 미국으로 연수를 떠날 정도의 사회적 지위에 있는 분이라면, 그런 의심을 받는다는 게 조금은 껄끄럽게 느껴지실 겁니다. 이럴 때를 대비하여 한국의 주거래은행에서 영문으로 된 은행잔고증명을 준비해 가신다면 많은 도움이 될 수 있습니다. 사실 출국 전에 비자를 받거나, 환전하기 위해 많은 돈을 은행에 예금해 놓았을 것입니다. 이 정도의 액수를 잔고로 보여준다면 미국인들도 놀랄 겁니다. 또한 그로 인해서 어느 정도의 신용이 증명되어 혜택을 보실 수도 있습니다. 실제로 그 증명서를(미국에서) 보여주실 때 은행에 그만큼의 액수가 있어야하는 것은 아닙니다. 본인의 신용이 어느 정도인지를 보여주는 간접적인 증거자료로 사용하는 것입니다. 따라서 환전을 하기 전에 영문잔고증명을 미리 발급받으십시오. 참고로 은행잔고증명을 발급받으면 발급받은 그날은 그 계좌에서 인출을 할 수 없습니다. 혹시 당일 써야 할 돈이 있는 경우에는 미리 인출을 하시고 영문잔고증명을 받으십시오. 국내주거래은행에서 해야 할 일들 중 인터넷뱅킹, 영문잔고증명을 제외하고는 모두 비자가 나온 다음에 할 수 있습니다.

*** 국내 주거래 은행에서 해야 할 일들 중 인터넷뱅킹, 영문은행잔고증명을 제외하고는 모두 비자가 나온 다음에 할 수 있습니다.

No. 0984359

CERTIFICATE OF DEPOSITS BALANCE

Name of Depositor	LEE CHAN HEE	ID No	

Account No.	Account title	Deposits balance (Principal) (Profit Added)	Uncollected checks & Bills
414***-**-108***	SAVINGS DEPOSITS	₩11,621,422	₩0

Total Amount : ₩11,621,422
(Uncollected checks & Bills : ₩0 included)
Exchange Rate : 1264.00
Equivalent Amount : USD 9,194.16
Say : US DOLLARS NINE THOUSAND ONE HUNDRED NINETY FOUR AND 16 CENTS ONLY

We hereby certify that deposits balance of the depositor, as of NOV. 03. 2008 , stands as above.
Note : You are not able to withdraw uncollected checks before settlement for exchange is made.
THERE IS NO RESTRICTION OF DEPOSIT WITHDRAWL FROM THIS ACCOUNT.

Date of issue : NOV. 03. 2008

Yours truly (Authorized Signature)
Kookmin Bank Bomun-dong Branch
Telephone : ☎ 02)927-9013

KB 국민은행 www.kbstar.com

영문잔고증명

미국에서 연수자 본인의 신용을 증명할 길은 거의 없습니다. 따라서 이런 경우를 대비해 영문잔고증명을 받아두는 것이 도움이 될 수 있습니다.

merica Story

초기 정착금

★ 생활 준비 비용 ★

| 집세 | 우선 집을 구하셔야합니다. 집세는 월세로 내지만 우리나라와 달리 선불이고, 또 한 달치(경우에 따라서는 두 달치)에 해당하는 비용을 보증금으로 계약할 때 내야합니다. 집세는 한 달 생활비의 40~50% 정도 생각하면 될 것 같습니다. 도시인 경우 2bed, 2bath라면 대략 2,000불 전후를 생각하시면 될 것 같습니다. (한 달치 집세 + 보증금 = 4,000불~6,000불)

| 차량구입비 | 집세 다음으로 돈을 쓰게 되는 곳이 바로 차량 구입비입니다. 새 차를 살 것인가, 중고차를 살 것인가에 따라 차량구입비는 달라질 것입니다. 새 차라면 대략 3만 불 전후, 중고차라면 1만 불 전후가 될 것입니다. (1만 불~3만 불)

| 차 보험료 | 보험료의 할인을 위해 몇 가지의 서류를 준비해 가시면 도움을 받으실 수 있지만, 연간보험료로 대략 1,000불 전후는 예상을 하셔야 합니다. (1,000불)

| 전기, 가스, 전화, 인터넷, 케이블 TV 개설비 및 보증금 |

각 유틸리티마다 개설을 하고 나면 보증금을 입금하라는 고지서가 우편으로 배달됩니다. 각 항목마다 100불 정도의 보증금을 예산으로 잡으시면 될 것 같습니다. (400~500불)

| 가구 및 생필품 구입비 | 각 물품들을 새 것으로 장만할 것인지, 아니면 중고품으로 장만할 것인지, 또 물건은 얼마나 좋은 것으로 장만할 것인지에 따라 가격이 달라질 것이지만, 대략 1,000-2,000불이면 충분할 것 같습니다. (2,000불)

| 기타 비용 | 아이들 사교육비(캠프 비용 등), 여행비

최소 2만 불에서 많게는 4만 불 정도가 초기 정착금으로 필요할 것 같습니다. 이리 저리 돈을 쓰다 보면 마치 누가 지갑에서 돈을 꺼내간 것처럼 느껴질 때가 한두 번이 아닙니다. 그래서 정말로 내가 이만큼 쓴 게 맞는가하고 생각을 해본 적도 많지요. 아무튼 우아하게 미국생활을 하려면 돈은 많아야 합니다. 그렇다고 무조건 집에다 돈을 모셔놓지는 마세요. 목돈이 있을 때는 조금 귀찮더라도 꼭 은행에 넣어놓으세요. 아니면, 남 좋은 일 시킬 수도 있으니까요. 그리고 계약서와 영수증은 꼭 보관을 하십시오. 가끔 받고서도 받지 않았다고 이중 청구를 하는 경우가 있습니다. 미국에 송금한 액수가 1년에 10만 불이 넘는 경우에는 증빙서류로 영수증이 필요할 수도 있습니다.

★ 한달 생활비 ★

| 집세 | 대략 도시인 경우 2bed, 2bath라면 대략 2,000불 전후를 생각하시면 될 것 같습니다.

| 전기, 가스, 전화, 인터넷, 케이블 TV | 각 항목마다 100불정도 예산을 잡으시면 될 것 같습니다.

| 차량유지비 | 기름 값이 상승하기는 했으나, 장거리 여행을 하지 않는다면 200-300불 정도면 될 것 같습니다.

| 식료품비 | 일주일에 두 번씩 마트에 간다고 예상을 하면 약 1,000불이면 될 것 같습니다.

| 기타 문화교육비 | 책값, 아이들 사교육비, 문화생활비 등입니다.

아주 아껴서 쓰더라도 한 달에 500만원(1달러=1,000원 일 때)으로 빠듯하게 생활합니다. 이중 절반에 해당하는 액수가 집세로 지출 되다 보니 나머지 절반의 액수로 생활을 하는 것이기 때문에 한국에서의 생활에 비해 절대적으로 궁핍해질 수밖에 없습니다. 만약 장거리 여행이라도 계획되어 있다면 1,000 ~ 2,000불의 지출은 추가될 수 있습니다.

America Story

★★★ 한국 운전면허시험장에서 할 일

★ 국제운전면허증 발급 ★

국제운전면허증 발급받으러 가실 때 필요한 준비물
운전면허증, 사진(3X4), 여권

참고로 모든 면허증이나, 증명서는 여권의 이름과 동일한 영문이름을 사용하십시오. 그렇지 않으면 곤란한 경우를 당하실 수도 있습니다. 여권과 증명서의 이름이 동일하지 않은 경우 면허증에 있는 사람과 여권에 있는 사람이 동일인물인지 증명해 보라고 하면 증명할 길이 없습니다. 따라서 이름은 꼭 일치를 시키십시오. Spelling은 물론이거니와 띄어쓰기도 일치를 시켜야 합니다.

위의 세 가지 준비물을 가지고 가까운 운전면허시험장에 가서서 창구에 비치된 '국제면허증 발급신청서'를 작성하신 후 발급비를 함께 내시면 1-2시간 뒤에 발급받으실 수 있습니다.

국제운전면허증은 미국에서 운전면허증을 따기 전까지 임시로 사용하는 면허증이라는 개념으로 준비를 해가는 것이 좋을 것 같습니다. 저의 경우도 미국에서 운전면허를 따지 못하면 국제면허증으로 '운전하면 되지, 뭐'라고 생각을 했습니다. 그러나 국제면허증은 단순 여행 때와는 달리 연수자로 입국을 하는 경우에는 큰 역할을 하지 못하였습니다. 왜냐하면 대부분의 주에서 장기 체류를 하는 경우에는 그 주의 운전면허증을 취득하는 것이 법으로 정해져 있기 때문입니다. 그렇기 때문에 신호나 속도위반 등으로 경찰에 걸렸을 때 국제면허증을 보여주면 무면허 운전으로 이중처벌을 받을 수 있

국제면허증
미국에서 운전면허를 따지 못하는 만약의 경우를 대비하여 만들어 놓는 것이 좋습니다. 반드시 여권의 이름과 동일한 이름으로 발급을 받으십시오.

습니다. 따라서 국제면허증으로 운전하기보다는 가급적이면 그 주의 운전면허증을 취득하는 것이 좋습니다. 국제운전면허증은 신청 후 1~2시간 내에 발급받을 수 있고, 유효기간은 1년입니다. 그렇게 때문에 미리 발급받는 것보다는 미국에서 운전면허를 따지 못하는 만약의 경우를 대비해서 가급적이면 출국에 임박해서 발급받는 것이 좋습니다.

또한 국제운전면허증으로 운전을 할 경우에는 반드시 한국면허증과 여권을 지참해야 합니다. 그렇지 않으면 무면허운전으로 처벌을 받을 수도 있다는 조항이 국제면허증의 유의사항에 표기되어 있습니다. 따라서 반드시 한국면허증을 같이 가지고 출국하시기 바랍니다.

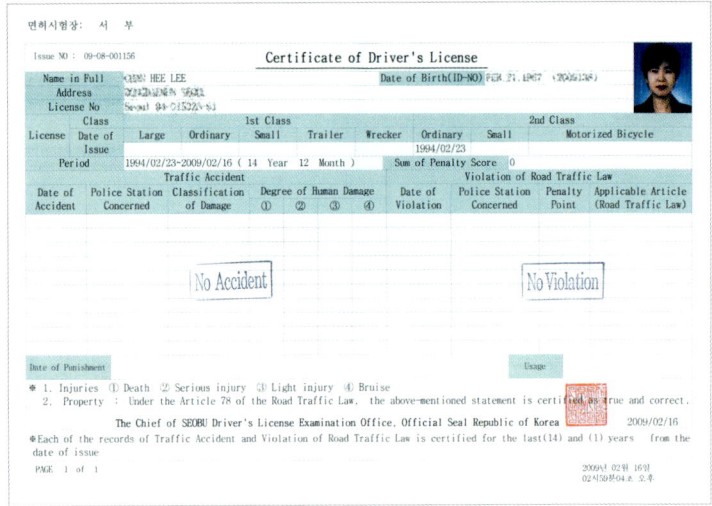

운전경력증명서

미국에서도 운전을 하려면 보험이 필요합니다. 아무런 경력이 없는 경우에는 보험료의 할인을 받기 어렵습니다. 이때 이 종이 서류 한 장이 많은 도움을 줄 수 있습니다.

★ 영문운전경력증명서 ★

이것은 운전면허를 따는 데는 전혀(?) 필요하지 않으나, 운전을 하려면 (차를 사거나, 렌트를 하거나) 반드시 보험을 들어야 합니다. '영문운전경력증명서'는 보험료 할인에 도움을 줄 수 있습니다. 미국의 보험료는 한국보다 비쌉니다. 그런데, 미국에 아무런 기록이 없는 상태에서 보험료를 할인 받기는 어렵습니다. 국내 운전면허시험장에서 영문운전경력증명서를 발부 받아 놓으십시오. 어차피 국제운전면허증을 발급받기 위해 운전면허시험장에 가야 하므로 이때 같이 받아놓으시면 됩니다. 운전하는 기간 동안 교통사고나 교통법규위반이 없는 경우 〈no accident, no violation〉이라는 도장을 찍어 발부해 줍니다. 참고로 장롱면허 10년이라도 10년이라는 기간 동안 사고가 없었다면, '영문운전경력증명서'에

⟨no accident, no violation⟩ 이라고 적혀있으니, 할인혜택을 받으실 수 있습니다. 물론 영문운전경력증명서는 발부받은 원본을 가지고 가서야 합니다. 복사본이나, FAX로 받은 것은 인정을 해주지 않습니다.

★ 자동차 보험회사에서 할 일 ★

본인이 가입했던 자동차보험회사에 '영문무사고증명서'를 발부해 달라고 하십시오. 전화로 연락을 하시면 우편으로 배달이 되기 때문에 발급받는 것은 어렵지 않습니다. 이 서류가 필요한 이유는 미국에서 보험을 가입할 때 할인을 받기 위해서 입니다. 따라서 반드시 원본을 가지고 출국을 하셔야 합니다. 이것 역시 증명서이므로 여권상의 이름과 동일한 영문이름을 사용하십시오. 저의 경우처럼 보험가입자의 이름이 남편으로 되어있고(남편은 한국에 남아있으면서), 보험이 가족 혹은 부부특약으로 되어 있어 부인의 이름이 그 보험에 특별히 명기되어 있지 않습니다(우리나라의 경우는 주민등록등본이나 호적등본을 떼면 쉽게 부부임을 증명할 수 있습니다). 이런 경우 ⟨family driver's name⟩란에 부인의 이름을 넣어서 발부를 받아야만 자동차보험 가입시 할인혜택을 받으실 수 있습니다. 부인의 이름이 '영문무사고증명서'에 따로 표기되어 있지 않으면, 보험가입자와 부부관계임을 증명하는 서류를 따로 제출해야 하니, 반드시 ⟨family driver's name⟩에 부인의 이름을 넣어서 발부받으시기 바랍니다. 자동차보험가입시 영문운전경력증명서, 영문무사고증명서 이 두 가지 서류만으로도 적지 않은 액수를 할인 받을 수 있습니다. 또한 서류를 발급받는 것이 그리 어렵지는 않습니다. 따라서 환율이 급변하는 시기에 반드시 준비해야 하는 서류로 생각됩니다.

영문무사고증명서

이 서류 역시 보험료의 할인을 위해 필요합니다. 만약 가족 혹은 부부 특약으로 보험이 가입되어 있는 경우 배우자 혹은 가족의 이름(spouse or family driver's name)을 꼭 명기해 달라고 하셔야 합니다. 이때의 이름도 여권의 이름과 동일해야 합니다.

merica Story

★★★★★ 애들 학교 입학에 필요한 준비서류(한국에서 준비할 것)
★★★★★

부모가 J1비자를 발급받을 때 동반자녀가 있는 경우 J2비자를 신청할 수 있습니다. 자녀는 J2비자를 받으면, 미국의 공립학교에 입학할 수 있습니다. 자녀의 학교입학에 필요한 서류는 주마다 조금씩 다를 수 있습니다. 다음의 두 가지는 꼭 필요한 것들입니다.

★ 영문예방접종증명서 ★

자녀가 미국의 학교에 입학을 하여야 하는 경우에는 '영문예방접종증명서'가 필요합니다. 예방주사를 맞으면서 기록을 해 두었던 육아수첩을 가지고 병원이나, 거주지 보건소의 모자보건실에 가셔서 '영문예방접종증명서'를 발급받으시면 됩니다.

이 서류를 발급받으실 때에도 주의사항이 있습니다. 미국은 각 주마다 아이들에게 요구되는 예방접종의 종류가 조금씩 다릅니다. 따라서 미리 그 주에서 학교 입학시 요구하는 예방주사의 항목을 확인하고, 만약 빠진 예방주사가 있다면 한국에서 맞고 출국하는 것이 좋습니다. 빠진 항목에 대한 예방접종을 하고 와야만 입학수속이 이루어집니다. 그러나 미국에서 병원에 가는 것이란 한국에서 가는 것에 비해 여러 가지로 번거롭습니다. 따라서 '영문예방접종증명서'를 발급받으러 가기 전에 육아수첩과 그 주에서 필요한 예방접종의 종류를 미리 대조해보십시오. 만약 접종하지 않은 것이 있다면, 서류를 발급 받으러 병원에 간 날 해당예방주사를 맞고, 그 항목까지 포함하여 서류를 발급 받는 것이 좋습니다. 특히 우리나라의 예방접종표에 수두(Chicken pox)가 포함된 것이 최근의 일이라 이 항목은 다시 한 번 확인해보는 것이 좋을 것 같습니다.

★ 영문재학증명서 ★

미국의 모든 주에서 자녀의 학교 입학에 영문재학증명서가 필요한 것은 아니기 때문에 미리 확인해 보시고 해당 주에서 필요로 하는 경우에 준비해 가십시오.

NHIC
National Health Insurance Corporation Ilsan Hospital

VACCINATION CERTIFICATE

Serial Number	07/220-17	Hospital Number	1323450	Date	2007.12.18
Name	LEE, ██████	Sex	○ M ● F		
Date of Birth	2000. . .				
Address	123-1023 Borega 1 Park APT, Bonoksong Dir, Sunyngha Gu, Seoul, Korea				

Vaccination Schedule Done

1. B.C.G	2000.01.08	4. M.M.R.	2000.11.04
2. D.T.P I	2000.03.21	1st booster	2004.02.06
D.T.P II	2000.05.26	5. Hep.B 1st	2000.03.15
D.T.P III	2000.08.29	Hep.b 2nd	2000.04.10
1st booster	2001.08.29	Hep.b 3rd	2000.07.15
2nd booster	2006.01.25	booster	. .
3. T.O.P.V I	2000.03.21	6. H.influenza b 1st	. .
T.O.P.V II	2000.05.26	2nd	. .
T.O.P.V III	2000.08.29	3rd	. .
1st booster	2006.01.25	booster	. .
2nd booster	. .	7. Varicella	2001.01.29
		8. PPD skin test: ( )	. .
		9. Chest X-ray:	. .

NHIC National Health Insurance Corporation Ilsan Hospital
1232, Paeksok-dong, Ilsan-donggu, koyang-shi, kyunggi-do, Korea
Tel : (031)900-3114 Fax:(031)900-0200

국민건강보험공단
일산병원

영문예방접종증명서

자녀들의 학교입학을 위해서 반드시 필요한 서류입니다. 자녀가 접종 받은 예방주사가 연수 가고자 하는 주에서 필요로 하는 항목과 일치하는지 다시 한번 확인하시기 바랍니다.

America Story

제 2 장

출국하기

America Story ★★★★★★★★★★★★★★★★★★★★★★★★

★★★ 출국하기

★ 공항 가기 ★

비행기 출발시간보다 3-4시간 전에는 공항에 도착하는 것이 좋습니다. 혼자서 떠나는 출장과는 달리 짐도 많고 사람도 많고, 비행기 타기까지의 과정이 조금 복잡하기 때문에 어느 과정에서 시간이 많이 걸릴지 예측하기가 힘들기 때문입니다. 이민가방이 많은 경우에는 차 한 대로 이동하기 어려울 수도 있습니다. 미리 공항까지의 이동수단에 대하여 계획을 세우는 것이 좋습니다. 출발하기 전에 빠진 짐은 없는지 확인하시고, 다시 한 번 여권/비자, 비행기표, DS-2019, 초청장, SEVIS납부영수증을 챙겼는지 확인하십시오.

★ 탑승수속하기 ★

가족과 함께 이민가방을 가지고 예약한 항공사의 체크인 카운터로 가십시오. 여권과 비행기 예약표를 보여주시면 탑승권(boarding pass)을 발부 받으실 것입니다. 이때 비행기에 가지고 탈 짐이 아닌 것들은 수하물로 붙이게 됩니다. 미국으로 가는 수하물은 1인당 가방 2개, 각 가방의 무게는 23kg입니다. 이 무게를 넘으면 추가요금을 부담하게 됩니다.

저도 그랬지만, 많은 연수선배들께서도 드넓은 공항에서 가방을 풀고 새 가방을 사서 짐을 다시 꾸리는 과정을 겪으셨다고 합니다. 그 이유는 가방의 무게초과 때문이지요. 이때 무척 난감합니다. 또한 창피하기도 하고요. 짐을 다시 꾸리는 시간이 생각보다 많이 걸립니다. 그렇기 때문에 집에서 짐을 꾸리실 때 허용무게를 넘지 않도록 잘 조절하시기 바랍니다. 가능하면 몸무게를 재는 체중계로 대략적인 무게를 재면서 가방에 짐을 넣는 것이 좋습니다.

이민가방은 주로 검은색이나 고동색, 감색으로 비슷한 색에 비슷한 모양이 많기 때문에 수하물 찾는 곳에서 가방을 분실할 가능성이 굉장히 높습니다. 전 세계에서 분실되는 수하물이 만 건이 넘는다고 합니다. 분실했을 때 가장 피해를 보는 사람은 당사자입니다. 혹자는 잃어버린 물건이야 다시 사면되지 하고 말씀하시지만, 돈으로 살 수 없는 물건을 잃어버릴 수도 있으니, 만사에 주의가 필요합니다. 더군다나 연수를 가는 경우에는 가방분실이 더 치명적일 수 있기 때문입니다.

분실을 줄이기 위한 몇 가지 방법이있습니다.

첫째, 커다란 종이에 영문으로 이름과 출발하는 곳, 도착하는 곳의 주소, 전화번호를 적어 스카치테이프로 붙여놓

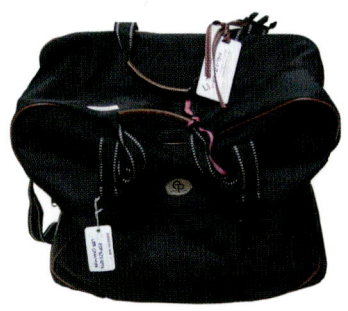

이민가방
아주 중요한 물건이기 때문에 분실에 주의를 해야 합니다. 따라서 여행사에서 주는 이름표외에도 본인이 별도로 이름표를 하나 더 달고, 눈에 띄는 색의 끈을 달아 놓으십시오. 그리고 수하물표가 잘 붙어 있는지도 확인하십시오.

으십시오. 둘째 수하물 가방에는 항공사에서 붙여주는 이름표를 붙이는 것 외에 본인이 별도로 이름표를 달아놓는 것이 좋습니다. 역시나 이 이름표에도 국내의 주소, 전화번호뿐 아니라 영문이름, 미국의 주소, 전화번호를 적어놓으십시오. 셋째 항공사에서 주는 수하물표(baggage tag)를 꼭 챙기십시오. 보통 탑승권에 강력한 접착제로 붙여주는데, 이 수하물표를 잃어버리지 않게 잘 보관하셔야 합니다. 또한 수하물표를 붙일 때 내 가방에 제대로 잘 붙이는 지도 확인을 하는 것이 좋습니다. 사람이 하는 일이기 때문에 실수는 있기 마련이거든요. 넷째 특이한 표시(예: 빨간색 끈을 달아놓는다)를 가방에 해놓는 것이 좋습니다.

모든 짐을 다 붙이는 것은 아닙니다. 핸드백 이외에도 가방을 기내에 들고 탈 수 있으며 허용되는 가방 수는 1인당 1개, 10kg입니다. 노트북이나, 악기 등은 (고가이기 때문인지) 기내에 들고 탈 수 있는 가방의 개수에서 제외되는 것 같습니다. 또한 911테러 이후 액체류의 기내 반입에 상당한

수하물표
수하물에 붙어있는 번호와 동일한 번호를 탑승권에 붙여주는 Baggage tag 입니다. 행여 수하물이 분실된 경우에는 이를 토대로 수하물을 추적 혹은 배상 받을 수 있으므로 잘 보관하셔야 합니다.

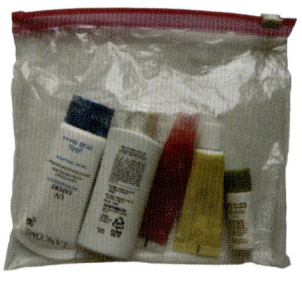

지퍼백
911테러이후 액체류를 기내반입에 많은 제약이 생겼습니다. 따라서 비행기내에서 꼭 사용할 물품은 100㎖가 넘지 않는 용기에 담아서 하나의 투명비닐백에 담아야 하며, 이들 액체류의 총 합계가 1ℓ 를 넘어서는 안됩니다.

제한이 있습니다. 따라서 비행기 안에서 사용할 물품(예: 스킨, 로션, 치약, 향수 등)이라고 생각되는 경우에는 용량이 100ml가 넘지 않는 용기에 각각 담아서 하나의 투명 비닐백(지퍼백 같은 것)에 담아야 하며 이들 액체류의 총 합계가 1ℓ를 넘어서는 안 됩니다.

여기서 한 번 더 짚고 넘어가야 하는 사항 한 가지는 DS-2019, 초청장, SEVIS납부영수증은 입국심사 때 필요합니다. 이것을 수하물로 붙이는 가방에 넣으면, 입국수속자체가 진행되지 않습니다. 따라서 꼭 비행기 타실 때 가지고 타셔야 합니다.

★ 보안검색 ★

탑승수속을 마치시면 그 많던 짐이 해결되기 때문에 조금은 홀가분해 지실 것입니다. 이제는 가까운 출국장으로 이동하여 보안검색을 받아야 합니다. 마중 나온 가족들과는 인사를 나누셔야 합니다. 출국장을 통과할 때는 비행기표와 여권을 보여주시면 됩니다. 출국장을 통과하면 바로 보안검색대가 보일 것입니다. 이곳에서는 비행기 안에 가지고 탈 짐, 그리고 내가 가지고 있는 휴대용품, 신발, 심지어는 주머니에 있는 동전까지 모두 검색대에 준비된 바구니에 담아 검색대를 통과시켜야 합니다. 이때 만약 액체가 들어있는 용기의 크기가 100㎖가 넘는다면 압수됩니다. 따라서 먹던 물도 이 지점에서는 아쉽지만 버려야 합니다. 기내반입 물품이 검색대를 통과하는 동안 본인도 금속탐지기가 설치된 검색gate를 통과합니다. 그 gate를 통과하면 경관이 양팔을 벌리게 한 후 검색봉으로 한 번 더 검색을 하는 것으로 검색은 종료가 됩니다. 혹 검색대 통과 중 기내반입허용물건이 아닌 것으로 의심이 되는 경우에는 검색원이 부를 것입니다. 당황하지 마시고 가방안의 물건을 차근차근 확인시켜주시기 바랍니다. 무사히 검색이 종료되었으면, 잊지 말고 검색대의 바구니에 담았던 물건들을 모두 챙기셔야 합니다. 이 과정을 skip하셔서 곤란을 겪는 경우도 있으니까요. 제가 본 어떤 분은 검색대의 바구니에 있던 짐을 챙기지 않으셔서 곤란을 겪으셨습니다.

★ 출국심사 ★

보안검색대를 지나면 바로 출국심사대가 기다리고 있습니다. 출국심사대 앞에 그어져 있는 노란 대기선 뒤쪽에서 일렬로 서서 기다리다가 자신의 차례가 되면 가족과 함께 출국심사대로 가십시오. 가족인 경우는 함께 출국심사대로 가시면 됩니다. 여권과 탑승권을 보여주시면 출국심사관이 컴퓨터로 신원을 조회한 후 여권에 출국날짜도장을 찍어주면서 출국확인을 해 줄 것입니다. 질문은 거의 없습니다.

★ 비행기타기 전 ★

탑승수속을 하고, 수하물을 붙이고, 보안검색대도 통과하고 출국심사하는 과정을 마치면 남은 과정은 비행기를 타는 것입니다. 이 과정이 빠르게 진행되면 비행기타기 전까지 어느 정도의 여유시간이 있습니다. 우선은 식당에서 배를 채우시고, 그 다음에는 탑승구 주변의 면세점에서 눈요기도 하십시오. 필요하신 경우에는 근처의 서점에서 책을 구입하는 것도 좋습니다. 주말이나, 성수기인 경우에는 여유시간이 없을 수도 있습니다.

★ 비행기 타기 ★

비행기를 타고 자리를 잡으면 곧이어 비행기가 이륙을 할 것입니다. 비행기가 이륙하거나, 착륙할 때는 기압의 변화가 심하기 때문에 귀가 멍하거나, 심하면 몹시 통증을 느낄 수 있습니다. 이때는 침을 삼키거나,

껌을 씹으면 조금 덜해집니다. 미국으로 향하는 비행기를 타는 시간은 짧아도 7-8시간, 길면 10시간을 넘게 됩니다. 이 시간 동안 책을 읽거나 영화를 보는 것도 좋지만, 가장 좋은 것은 잠을 자는 것입니다.

시차적응

시차는 한꺼번에 적응을 할 수 있는 것은 아닙니다. 미국은 우리나라와는 낮과 밤이 반대이기 때문에 미국에 도착하면 시차적응을 하는데 약 2주정도의 시간이 필요합니다. 이 시간을 조금이라도 줄이려면 비행기에서 가급적 미국 현지시간에 맞추어 잠을 자는 것이 도움이 됩니다. 미국으로 가는 비행기의 비행시간 동안 대개 2번의 식사가 제공되고, 식사 중간에 긴 암흑기가 있을 것입니다. 따라서 첫 번째 식사를 마친 후에 화장실을 방문하여 양치질을 하고 수면준비를 하십시오. 그 후 자리에 돌아와 미리 준비해 간 수면제(멜라토닌 등)를 복용한 후 잠을 청하는 것이 좋습니다. 이때 2-3시간이라도 잠을 자면 미국에 도착해서의 생활이 훨씬 수월할 것입니다. 깨어있는 시간에는 미리 준비해 간 '운전면허 필기시험'을 준비하는 것이 좋습니다.

화장실 사용

기내에서 화장실 사용이 가장 빈번한 시간은 식사를 마치고 난 시간입니다. 따라서 이 시간을 피하시면 비교적 한가하게 화장실을 사용하실 수 있습니다. 〈이코노미클래스증후군〉이란 좁은 좌석에서 장시간 앉아있으면 다리의 혈액순환이 느려져서 혈전이 생길 수 있고 이로 인해 심한 경우 사망할 수도 있다는 것입니다. 따라서 이를 미연에 예방하는 것이 필요합니다. 수시로 일어나서 기내를 한 바퀴 돌아주고, 물을 충분히 마셔서 혈액이 농축되는 것을 막아주는 것이 좋습니다.

★ 출입국신고서와 세관신고서 작성하기 ★

미국에 도착할 때가 되면 승무원이 출입국신고서(I-94 form; 이하 I-94로 약하겠습니다)와 세관신고서를 줄 것입니다. I-94는 1인당 1매를 작성하셔야 하고, 세관신고서는 한 가족당 1매를 작성하시면 됩니다. I-94나 세관신고서를 작성하실 때에도 여권에 나와 있는 것과 동일한 영문 이름을 적으셔야 합니다. 그렇지 않으면, 나중에 곤란한 상황이 벌어질 수도 있습니다.

| 출입국신고서(I-94) |

1. Family name : 성을 쓰시면 됩니다.
2. First name : 이름을 쓰시면 됩니다.
3. Birth of date : 생년월일을 날짜/달/연도의 순으로 적으시면 됩니다.
   1988년 7월 21일생이면 21/07/88로 적으시면 됩니다.
4. Country of citizenship : Korea 라고 국적을 적으시면 됩니다.
5. Sex(Male or Female) : 남자(Male)인지, 여자(Female)인지 성별을 적으시면 됩니다.
6. Passport number : 여권번호를 적으시면 됩니다.
7. Airline and Flight number : 비행기의 편명을 적으시면 됩니다.
8. Country where you live : Korea 라고 적으시면 됩니다.
9. City where you boarded : 탑승한 도시를 적으시면 됩니다.
10. City where visa was issued : visa를 받은 도시를 적으시면 됩니다.
11. Date issued : 비자 받은 날짜를 날짜/달/연도의 순으로 적으시면 됩니다.
12. Address while in the United States (Number and Street) : 번지/거리
13. City and State : 시/주
    12번과 13번은 미국에서 머물 주소를 적는 칸입니다. 연수이기 때문에 이곳에 호텔주소를 적는 것은 위험합니다. 혹시 집주소가 정해지지 않은 경우에는 연수기관의 주소라도 적는 것이 좋습니다. 주소를 적지 않을 경우 곤란한 상황을 겪을 수도 있습니다.

14. Family name : 성을 쓰시면 됩니다.
15. First name : 이름을 쓰시면 됩니다.
16. Birth of date : 생년월일을 날짜/달/연도의 순으로 적으시면 됩니다.
    1988년 7월 21일 생이면 21/07/88로 적으시면 됩니다.
17. Country of citizenship : Korea 라고 국적을 적으시면 됩니다.

출입국신고서(I-94)
서류는 반드시 여권에 나와 있는 것과 동일하게 작성하셔야 합니다. 개인당 1매씩 작성하시면 됩니다.

| 세관신고서 |

1. Family name : 성을 쓰시면 됩니다.
   First name : 이름을 쓰시면 됩니다.
2. Birth of date : 생년월일을 날짜/달/연도의 순으로 적으시면 됩니다.
3. Number of family members traveling with you :
   본인과 동행하는 가족 수를 적으시면됩니다.
4. (a) US Street Address : 미국에 머물 주소를 적으시면 됩니다. 거리이름
   (b) City:시   (c) State:주
5. Passport issued by : 여권을 발급받은 나라를 적으시면 됩니다.
6. Passport number : 여권번호를 적으시면 됩니다.
7. Country of residence : Korea 라고 적으시면 됩니다.
8. Countries visited on this trip prior to US arrival :
   미국 도착하기 전에 방문한 나라를 적으시면 됩니다.
9. Airline and Flight number : 비행기의 편명을 적으시면 됩니다.
10. 미국에 방문한 목적이 상업적인가?
11. (a) 과일, 식물, 식품, 벌레
    (b) 고기, 동물, 야생동물관련 상품
    (c) 갑각류
    (d) 흙
    등을 가져왔는가?
12. 살아있는 것을 만지거나 가졌는가?
13. 미화 만 불 이상을 가졌는가?
14. 상업용 물건을 가졌는가?
    (10-14까지의 질문에 대해서 각각 맞으면 Yes, 아니면 No에 표시하십시오)
15. 가지고 온 선물이나 물건의 금액을 적는 난 입니다.
    대부분 공란으로 남겨놓습니다.
    마지막 난에 사인을 하고 날짜를 날짜/달/연도의 순으로 적으시면 됩니다.

U.S. Customs and Border Protection

세관 신고서
19 CFR 122.27, 148.12, 148.13, 148.110, 148.111, 1498; 31 CFR 5316

허가 양식

도착하시는 여행객 또는 가족의 책임자 되시는 분은 반드시 다음 정보를 제공해 주셔야 합니다. (신고서는 한 가족에 한 부만 기입하시면 됩니다.)

1. **성**
   명   중간 이름
2. **생년월일**   일   월   년
3. 본인과 동행하는 **가족 인원 수**
4. (a) 미국 내 **주소**: 스트리트 (호텔 이름/목적지)

   (b) 시   (c) 주
5. **여권 발행 국가**
6. **여권 번호**
7. **거주** 국가
8. 이번 여행 중 미국에 도착하기 전 **방문했던 국가**
9. **항공회사/항공편 번호** 또는 **선박 이름**
10. 이번 여행의 주요 목적은 **비즈니스** 입니다: 예   아니오
11. 나(우리)는 다음 물품을 가지고 입국합니다
    (a) 과일, 채소, 식물, 종자, 식품, 곤충: 예   아니오
    (b) 육류, 동물, 동물/야생동물 제품: 예   아니오
    (c) 병원체, 세포배양물, 달팽이: 예   아니오
    (d) 흙을 소지하거나 농장/목장/목축장을 방문한 적이 있습니다: 예 아니오
12. 나(우리)는 **가축**과 가까이 한 적(만지거나 다룬 적)이 있습니다.   예   아니오
13. 나(우리)는 미화 10,000 달러 이상, 또는 외화로 그와 동등한 가치의 **통화나 화폐**를 휴대하고 있습니다.   예   아니오
    (뒷면의 화폐에 대한 정의를 참조하십시오.)
14. 나(우리)는 다음의 **시판용 상품**을 휴대하고 있습니다.   예   아니오
    (판매용 물품, 주문 권유용 견본품, 또는 개인 소지품으로 간주할 수 없는 물품)
15. **거주자** — 내/우리가 해외에서 구입 또는 취득하고 (타인을 위한 선물은 포함되나 우편으로 미국에 보낸 것은 포함되지 않음) 지금 미국으로 가지고 들어오는 시판용 상품을 포함한 **모든 물품의 총 가치**: $

    방문객 — 시판용 상품을 포함하여 미국에 남겨 두게될 **모든 물품의 총 가치**:
    $

이 양식 뒷면의 설명문을 잘 읽으십시오. 반드시 신고해야 하는 품목을 기입하실 수 있는 공간이 있습니다.

나는 이 양식의 뒷면에 있는 중요한 정보를 읽었으며 사실대로 신고하였습니다.

X _____   날짜 (일/월/년)
    (서명)
공무 전용란

CBP Form 6059B (Korean) (11/07)

세관신고서
가족당 1매씩 작성하시면 됩니다.

America Story

★★★ 비행기에서 내려 숙소에 도착할 때까지

　비행기가 미국에 도착을 하게 되면 본인의 최종목적지와는 상관없이 첫 기착지에서 입국심사와 세관신고를 하셔야 합니다. 따라서 비행기가 미국의 첫 기착지에 도착을 하면 비행기에서 내려 같이 내린 다른 사람들을 따라 입국심사대로 가십시오(그림❶).

★ **입국심사대(미국immigration)** ★

　입국심사대에 도착하면 내국인과 방문자로 나누어져서 줄을 서게 됩니다. 영주권자가 아니면 방문자로 적혀있는 곳에 줄을 서면됩니다. 이 때 비행기 안에서 작성한 입국신고서와 세관신고서가 본인의 여권과 다른 부분은 없는지 다시 한 번 확인합니다. 노란색으로 그어진 대기선 뒤에 서서 기다리고 계십시오(그림❷). 입국심사관이 본인을 부르면 그 앞으로 가서 입국심사를 받으시면 됩니다(그림❸). 입국심사관이 오라고 신호를 보내기 전에 먼저 가시면 안 됩니다. 이런 것을 몹시 싫어한다고 합니다. 가족인 경우에는 입국심사를 함께 받습니다. 입국심사관은 몇 가지 질문을 하면서 입국서류를 확인합니다. 묻는 말에만 간단하게 답변하는 것이 좋습니다. 입국의 목적은 분명히 말씀하십시오. 부드러운 표정으로 입국심사관과 눈을 맞추면서 대답을 하는 것이 좋습니다. 입국서류에 문제가 없다면 지문채취와 사진을 찍으신 후 여권에 도장을 찍고 I-94의 상단은 직원이 보관을 하고 하단은 여권에 스테이플러로 찍어서 붙여줄 것입니다(지문을 채취하고 사진을 찍는 순서는 그림을 참조하십시오).

| 입국절차 | 비행기나 배를 통해서 미국에 도착하는 방문자의 입국수속절차에 관한 안내는 www.dhs.gov/us-visit 에 잘 나와 있습니다. 다음은 그곳에 나와 있는 내용을 근거로 하여 좀 더 쉽게 설명한 것입니다.

비행기나 배로 미국에 도착하는 경우 입국 절차

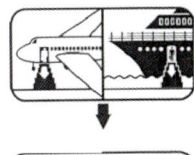

❶ 비행기나 배에서 내린다

❷ 입국심사를 위해 입국심사대앞에 줄을 선다. 이 때 영주권/시민권자와 방문자는 다른 줄에 서게 된다. 줄이 점점 짧아지는 동안 입국신고서와 세관신고서, 여권이 제대로 준비되었는지 확인한다. 바로 앞사람이 입국 심사를 받는 경우, 노란색 대기선 뒤에 서서 기다린다. 이 노란색 대기선을 넘어서면 굉장히 싫어한다.

❸ 대기선 밖에서 기다리고 있다가, 입국심사관이 부르면 심사관 앞으로 간다. 가족인 경우에는 함께 심사를 받는다.

❹ 입국심사관이 몇가지 질문을 하면서 서류를 확인한다. 묻는 말에만 간단하게 부드러운 표정으로 눈을 맞추면서 답변을 한다. 입국서류에 문제가 없다면 지문채취를 한다. 스캐너에 손가락 끝을 놓으면 된다. 처음에는 왼쪽 손가락을 놓고, 다음에는 오른쪽 손가락을 놓으면 된다. 다음으로 사진을 찍는다. 입국심사관과 비슷한 방향에 있는 카메라를 쳐다보면 된다(이런 설명이 한글로도 되어 있는 것을 보면 국력이 많이 신장되기는 한 것 같다). 이 과정이 끝나면, 입국심사관이 여권에 입국도장을 찍고, I-94를 여권에 스테이플러로 붙여준다.

❺ 드디어 입국심사대를 통과하여, 미국에 입국하게 된다.

여기서 한 가지 짚고 넘어 가야하는 중요한 사항은 입국심사대에서 여권에 스테이플러로 찍어준 I-94는 겉으론 아주 보잘 것 없어 보이는 종잇조각이지만, 미국에 있는 동안 내내 소중하게 보관해야 하는 종이입니다. 일종의 체류증이라고나 할까요? 이것은 출입국신고서로 좀 더 적나라하게 표현을 하면 〈입국허가서〉라고 해석하는 것이 좋을 것 같습니다. 이것이 없으면 연수생활을 하기 위한 행정절차가 전혀 진행되지 않습니다. I-94는 원칙적으로는 재발급이 되지 않으며, 재발급 받으려고 하면 많은 비용이 든다고 합니다. 또 한 가지 유의사항은 미국에서 출국할 때 이것을 제출하지 않으면 다시 미국에 입국할 때 많은 어려움이 있다고 합니다. 그러니 I-94는 소중하게 보관하시기 바랍니다. 이 내용은 IC에서도 다시 한 번 설명을 할 것입니다.

★ 수하물 찾기 ★

입국심사가 끝나고 나면 세관신고를 하기 위해서 수하물을 모두 찾아야 합니다. 이론상으로는 수하물을 찾는데 시간이 많이 걸리지는 않습니다. 그러나 종종 시간이 지체되는 경우도 있습니다. 이민과 비슷한 수준의 짐을 수하물로 맡겼기 때문에 짐이 많아 당황하게 되지만 가능하면 최대한 침착하게 가방을 찾아야합니다. 이때 찾은 가방의 개수와 수하물로 보낸 가방의 개수가 맞는지 확인합니다. 둘째, 찾은 가방이 본인의 가방이 맞는지 다시 한 번 확인을 합니다. 가방이 바뀌었을 때, 혹은 가방이 분실 되었을 때 공항에서 확인을 하는 것이 가장 쉽게 문제를 풀어나가는 방법입니다. 수하물대에서 찾은 무수히 많은 가방을 가지고 세관신고대로 가는 것도 쉬운 일은 아닙니다. 보통 큰 가방, 작은 가방을 합하면 10개가 넘습니다. 따라서 많은 가방을 혼자서 운반하기 힘들면 포터(porter)의 도움을 청하십시오. 그들은 전문가라 혼자서도 10개 이상의 가방을 쉽게 운반할 수 있습니다. 물론 팁을 주어야 합니다. 이 가방들을 가지고, 가족들과 같이 세관신고대로 이동합니다. 또 포터를 이용하는 경우에는 세관신고대를 수월하게 통과한다는 말도 전해져 내려오고 있습니다.

★ 세관신고대 ★

세관신고대에서 유의하실 사항이라면, 첫째 소지한 돈이 가족당 미화 1만 불이 넘느냐? 하는 돈 문제와 둘째, 미국에 유해한 물품이 가방 안에 있느냐? 의 두 가지입니다.

미국 입국시 신고를 하지 않고 소지할 수 있는 현금은 가족당 1만 불 미만입니다. 가족이 소지한 현금이 1만 불 이상이면 신고를 하셔야 합니다. 만약 1만 불 이상을 소지하셨는데, 신고를 하지 않은 경우 세관신고대를 무사히 통과하시면 별 문제가 되지 않지만(이때 얼굴이 엄청 달아오르겠지요), 만약에 걸리면, 현금을 압류당하고, 시간 뺏기고, 그리고 무엇보다 자녀들 앞에서 무척 창피합니다. 아이들에게 늘 강조하는 것이 정직인데, 부모만 믿고 미국에 온 아이들 앞에서 거짓말을 했고, 그리고 그것도 모자라 현금을 압류당 할 수 있으니까요. 가장 좋은 방법은 1만 불미만으로 가져오는 것이지만, 이 액수로는 미국생활이 어렵다고 생각되어 더 가져오신 경우에는 세관신고를 하면 됩니다. 이때 시간이 조금 걸리긴 하지만, 정직하게 신고를 하는 것이 좋을 것 같습니다. 시간이 걸리는 것 이외에는 아무런 불이익이 없으니까요. 실제로 LA 공항의 경우 한국 분들이 1주일에 몇 분씩 이 문제로 적발되신다고 합니다.

가족당 1만 불 이상을 가져와서 세관신고를 해야 하는 경우 이 절차는 약 1시간 정도 걸립니다. 만약 초보 세관담당자에게 걸리면 그 시간이 더 길어질 수도 있습니다. 미국 공무원은 무척 느리거든요. 아주 많은 이민가방과 긴 여행에 지친 가족들과 함께 입국심사대도 아닌 세관신고센터에서 한 시간 가량 보내는 것은 무척 힘든 과정입니다. 그러나 걸릴까 안 걸릴까 조마조마하면서 세관신고대를 지나는 것보다는 자수하여 광명 찾는 것이 좋을 것 같습니다. 참, 여담인데요, 1만 불 미만이니, 세관신고서에는 1만 불이라고 쓰시면 안 됩니다. 1만 불 미만이면 아예 신고를 하지 않으면 됩니다. 세관신고서에 정확하게 1만 불이라고 썼다가 주머니에 있는 잔돈까지 다 꺼내게 해서 합산을 한 후 1만 불이 초과하여 세관신고를 하신 분의 얘기도 들었습니다.

돈에 대한 문제 때문에 가방 전체를 조사하는 경우는 없습니다. 그러나 유해한 물품이 있다고 세관신고서에 표시를 한 경우에는 가방 전체를 조사하게 됩니다. 이 과정은 미화 1만 불 이상을 가져와서 신고하는 것과는 또 다른 차원의 문제라고 생각됩니다. 따라서 유해물품은 가급적 가져오지 않으시는 것이 좋습니다.

| 미국입국 금지품목 |

미국농무부에서는 허가 없이 미국으로 들어오는 채소류나 과일, 씨앗, 나무, 고기류에 대해서는 불법으로 간주하고 있습니다. 따라서 절대 이런 물품은 가지고 오시면 안 됩니다. 그러나 된장이나 고추장, 김, 미역, 젓갈에 대해서는 세관신고서의 11-(a) 항에 표시를 하여 신고를 하면 가지고 들어오실 수 있습니다. 그러나 신고를 하지 않은 상태에서 샘플검사에서 걸리면, 가지고 온 가방을 전부 검사받는 수모를 겪게 될 수도 있으므로 만약 가방 안에 음식물이 있다면 표시를 하는 것이 좋습니다. 표시하는 것으로 거의 대부분 검사는 받지 않게 됩니다.

국내선으로 갈아타기

★ 수하물 붙이는 곳 ★

입국심사 및 세관심사를 받은 곳은 국제선터미널이고, 국내선으로 갈아타야 하는 경우에는 국내선터미널로 이동을 해야 합니다. 이때 찾았던 수하물을 국내선터미널까지 직접 가지고 가서 다시 짐을 붙여야 하는 경우도 있고, 일부 항공사에서는 국제선 터미널에서 이 서비스를 대신해 주기도 합니다. 이 부분에 대해서는 한국에서 출발하기 전에 미리 알아보는 것이 좋습니다.

★ 수하물의 국내선 허용 무게 ★

기름 값의 상승으로 인해서 수하물에 대한 기준이 미국국내선과 국제선이 조금 다를 수 있습니다. 따라서 transit을 해야 하는 경우 비행기를 예약하기 전에 이 부분에 대해서도 미리 알아보는 것이 좋을 것 같습니다.

★ 첫 기착지 도착시간 ★

너무 늦은 시간에 미국의 첫 기착지에 도착을 하시면 공항에서 하루를 지내실 수도 있습니다. 입국심사 및 세관신고 시간이 빨리 진행되기도 하지만 하염없이 길어지는 경우도 있습니다. 만일, "LA에 오후 6시에 도착을 했는데, 입국심사하고, 짐 찾고, 세관신고하고, transit하려고 지친 몸을 이끌고 많은 가방을 가지고 국내선터미널로 가니, 9시 반에 예약이 된 비행기는 이미 탈 수가 없고, 예약된 비행기가 그날의 마지막 비행기였다면" 이런 경우가 드물기는 하지만, 생길 수 있는 상황이므로, 가급적이면, 오전에 미국에 도착하는 비행기를 예약하시는 것이 좋을 것 같습니다.

★ 여유 있는 환승 시간 ★

국내선으로 갈아타셔야 한다면 여유시간을 두시고 비행기표를 예약하시고, 만약의 경우를 대비하여 예약된 비행기의 전후 시간표도 알아둘 필요는 있을 것 같습니다. 가장 좋은 것은 직항편을 이용하는 것이지만, 직항편이 없는 곳으로 가시는 경우에는 유념하시기 바랍니다.

★ 가급적 직항 편을 이용 ★

직항편이 있는 국제선 공항에서 차로 약 2시간 정도의 거리에 있는 도시라면, 국내선으로 갈아타는 것보다는(마중 나오시는 분께 조금 죄송하기는 하지만) 차를 이용해서 이동하는 것이 더 좋을 것 같습니다.

★ 마중 나온 분과 만나기 ★

출구로 나가셔서 마중 나온 친지를 만나시면 됩니다. 단순 여행과 달리 연수자의 경우에는 비행기에서 내려 출구로 나올 때까지의 시간이 얼마만큼 걸릴지 예상하기 힘듭니다. 따라서 단순하게 출구에서 만나자고 약속하는 것보다는 만나는 장소를 좀 더 구체적으로 정하는 것이 좋을 것 같습니다. 몇 번 출구 앞 의자 혹은 몇 번 출구근처에 있는 커피숍 등으로 약속을 정하십시오. 만약 마중 나온 분과 안면이 없는 경우에는 그 날의 복장에 대해서 미리 알려드리는 것도 한 가지 방법일 것입니다. 노란 티셔츠라던가, 아니면 빨간 바지 등 좀 눈에 띄는 것으로 알려드리면 찾는데 어려움을 덜어드릴 수 있을 것 같습니다.

그리고 비행기가 도착하는 공항, 항공사, 편명, 도착예정시간을 마중 나오는 분께 알려드리면 공항에서 무작정 기다릴 가능성을 줄일 수 있습니다. 비행기를 탈 때 수하물로 붙일 수 있는 가방의 개수는 1인당 2개이고, 이때 가방의 무게는 개당 23kg(50파운드)까지 허용됩니다. 노트북이나, 핸드백, 그리고 작은 가방(10kg까지 가능)은 비행기 안으로 들고 들어갈 수 있습니다. 이렇게 허용된 가방에 물건을 가득 채운다고 상상을 해보십시오. 4인 가족기준, 수하물 가방 8개, 핸드 캐리할 가방 4개 도합 12개의 가방과 노트북까지 합치면, 아주 큰 짐이 됩니다. 식구 4명과 짐을 한 번에 공항으로 이동하는 것도 쉽지 않았을 것이고(적어도 두 대의 승용차가 필요할 것임), 비행기에서 내려서 새로운 숙소까지 이동하는데도 승용차 한대로는 불가능할 것입니다. 따라서 미국의 공항에 픽업하러 나오는 분에게 가방 개수에 대한 정보를 미리 주셔야 할 것입니다.

★ 공항에서 1차 목적지 혹은 숙소로 (딴 길로 안 세고) 바로 이동하기★

장시간 비행에다 입국심사, 세관신고를 마치고 나서 공항 출국장을 나와 친지를 만나면 긴장이 풀리실 겁니다. 동시에 밀려오는 허기, 그 많은 짐들을 자동차에 싣고, 1차 목적지로 이동하는 시간도 역시 짧지는 않을 것입니다. 대략 30분에서 2시간 정도의 시간이 걸릴 것입니다. 1차 목적지에 도착하기 전에 너무도 배가 고파서 짐을 자동차에 가득 실은 채, 주차를 해놓고, 식사를 하신다면, 아마, 힘겹게 가져온 짐은 없어졌을지도 모릅니다. 그런 사고가 종종 일어나고 있으니 가능하면, 배가 고프시더라고 1차 목적지에 짐을 푼 다음 식사를 하러 나가시거나, 아니면, 누군가 한 명이 간단한 요깃거리를 사가지고 차로 오시는 것이 좋을 것 같습니다. 실제로 이런 일들이 일어나고 있습니다. 도난은 언제 어디서나 있을 수 있는 일인데, 연수 온 분들에게는 치명적일 수 있기 때문에 늘 조심하는 것이 좋습니다.

★ 렌터카 이용하기 ★

공항에서 픽업을 해줄 친지 분이 없는 경우에는 한국에서 미리 인터넷으로 렌터카를 예약하면 렌터카 회사의 직원이 출구근처의 약속장소에서 기다리고 있을 것입니다. 한국에서 미리 만나는 장소를 확인하십시오. 이곳에서 만나 렌터카가 주차되어 있는 곳까지 픽업을 해 줄 것입니다.

제 3 장

정착하기

America Story

★★★ 집 구하기
★★★

    집만 잘 구해도 미국연수의 절반은 성공했다고 볼 수 있습니다. 집은 한번 구하면 이사하는 것이 쉽지 않고, 아이들 학교 배정에서부터 시작하여 너무나 많은 것들에 영향을 주기 때문입니다. 따라서 미국으로 출국하기 전에 미리 미국에 계신 도우미(연수선배분이나, 친지분 등)와 연락을 취하는 것이 좋습니다. 우선 구하고자 하는 집의 대략적인 위치를 아래의 내용을 토대로 정합니다. 세부사항의 조율을 위해 최종결정은 당사자가 직접 집을 보고 결정하는 것이 좋은 방법일 것 같습니다. 집이 정해지지 않은 채로 미국 땅을 밟게 되면 무척 불안합니다. 그러나 본인이 직접 보지 않고 계약한 집에 들어왔을 때 '이게 아니다' 하는 느낌이 들면, 더 곤란한 상황이 될 수 있습니다. 친지분과의 세부사항을 잘 조율하실 수 있는 상황이 아니더라도 집을 급하게 한국에서 구하실 필요는 없을 것 같습니다. 한국에서는 집을 얻으려고 하는 곳에 대한 대략적인 정보를 www.rent.com이나, www.craigslist.org 등을 통해 알아놓고 미국에 도착하신 후에 집을 구하시는 것이 좋을 수 있습니다. 제 경험으로 말씀을 드리면, 구하고자 하는 지역에 살고 계시거나, 사셨던 분께 조언을 들는 것이 좋은 정보가 되지 않을까 생각합니다.

다시 한 번 간단히 요약하면 집 구하는 것에 대해서는 너무 서두를 필요가 없다는 것입니다. 그러면 집을 구하기 전까지는 어디서 지낼 것인가에 대한 의문이 생깁니다. 이때 도움을 받을 수 있는 곳은 연수 선배분 댁이나, 친지분 댁이 가장 좋습니다. 그러나 이것이 어려울 경우에는 단기 홈스테이나, 호텔 혹은 모텔에서 지내실 수 있습니다. 이곳에서 약 일주일에서 열흘 정도 머문다 생각하고 오십시오. 그러면, 맘에 들지 않는 집에서 1년을 사는 것보다 오히려 마음이 편할 수도 있을 것 같습니다.

집을 구할 때에도 고려해야 할 사항이 여러 가지 있습니다. 하지만, 중요한 것은 우선순위를 어디에 둘 것인지를 먼저 생각하는 것입니다.

★ 안전한 곳 ★

집을 구할 때에는 가족과 함께 생활을 해야 하기 때문에 안전을 우선으로 해야 할 것입니다. 안전함과 돈은 거의 비례관계인 것 같습니다. 안전한 곳은 그만큼 렌트비가 비쌉니다.

흔히 안전하다고 할 때 먼저 생각하는 것은 총기사고일 것입니다. 그러나 총기사고는 위험성이 높은 반면에 그리 자주 일어나는 것 같지는 않습니다. 반면, 도난사고는 상대적으로 많이 일어나는 것 같습니다. 따라서 총기사고를 피하는 것도 중요합니다만 도난사고도 반드시 염두에 두셔야 합니다. 실제로 주변에서 도난사고가 심심하지 않게 일어날 것입니다. 많게는 몇 만 불의 도난사고도 만날 수 있습니다. 따라서 제일 먼저 안전한 곳에 집을 구하는 것이 좋습니다. 이런 것들은 이웃의 의견을 들어보는 것이 가장 좋은 정보일 것입니다. 따라서 돌다리도 두드리고 가는 심정으로 이웃에게도 한번 인사를 하면서 물어보십시오. 이곳에는 도둑이 없는지.

★ 명문학군 ★

대부분의 연수자들은 자녀를 동반하게 됩니다. 이런 경우 아이들은 공립학교에 입학을 시키게 됩니다. 우리나라와 마찬가지로 공립학교의 입학기준은 거주지입니다. 각 도시마다 정해진 school district가 있습니다. 따라서 명문학교에 입학시키고 싶은 경우에는 그 학교에 입학시킬 수 있는 주소지 내의 집을 알아보셔야 합니다. 우리나라처럼 미국에도 명문학군이 있는 것 같습니다. 명문학군이라 함은 우리나라와 비슷하게 명문대학의 진학률이 높은 고등학교 근처를 말합니다. 학생의 주요 구성원은 백인이며, 중국, 인도, 일본, 한국처럼 교육열이 높은 나라의 자녀들이 많이 다닙니다. 우리나라와 비슷하게 명문학군은 다른 곳에 비해 집세가 비쌉니다.

★ 통근거리 ★

한국도 그렇지만, 미국도 출퇴근시간에는 교통이 많이 막힙니다. 종종 아이들 학교에 갈 일이 생기기도 하는데(미국학교에서는 애들이 조금만 아파도 집에 데려가라고 연락을 합니다. 아마도 책임질 일이 생길까 봐 그런 것 같습니다), 집과 직장(연수기관)이 너무 멀면 곤란할 수 있습니다. 아무리 학군이 좋고 안전하더라도 통근거리도 고려하면서 선택하는 것이 좋을 것 같습니다.

★ 한국인 거주 확인 ★

어쩌면 위의 내용 보다 더 중요하게 생각할 수 있는 문제가 "내가 얻고자 하는 집 주변에, 혹은 배정받는 학교에 한국 사람이 어느 정도인가?"일 수 있습니다. 물론 주위에 한국 사람이 너무 많으면 좋지 않지만, 아이에게도 적응을 위해서는 주변에 한국아이가 몇 명 정도는 있는 것이 좋습니다. 저의 아이들도 전학초기에는 한국아이들의 도움을 많이 받았습니다. 또한 낯선 이국땅에서 여러 가지의 비상사태가 벌어질 수 있습니다. 이런 경우 주변에 친하게 지내는 한국분이 있다면 상당한 도움이 될 것입니다. 저도 이국 생활에 이웃의 한국 분이 상당한 도움을 주셨습니다.

★ 아파트 정하기 ★

집을 얻고자 하는 지역의 대략적인 정보를 얻은 후 맘에 드는 아파트를 2-3개 정도 정하십시오. 그 후 얻고자 하는 아파트의 leasing office에 전화를 걸어 약속을 하고 방문하여 집을 둘러보십시오. 종종 leasing office가 잠겨있는 경우도 있습니다. 따라서 전화통화를 먼저 하시면 시간낭비를 줄이실 수 있습니다. 목적한 아파트를 보러 가는 길에 for rent라는 광고가 붙어 있고, 괜찮아 보이는 아파트가 있다면 들어가 보셔도 좋을 것 같습니다. 소가 뒷걸음치다가 쥐를 잡듯이 우연히 발견한 아파트가 오히려 인터넷에 나와 있는 것보다 더 좋은 조건일 수도 있습니다. 눈을 크게 뜨고 주위를 살피면 좋은 집을 구할 수 있습니다. 단 성수기, 즉 개학이 임박한 시즌에는 방의 수요가 증가하면서 여분의 방은 줄어들고, 렌트비가 올라갈 수 있으므로 8월에 입국예정이시라면 조금 여유를 두고 입국을 하는 게 좋으리라 판단됩니다.

★ 기타 세부사항 ★

| 바닥이 마루인지, 카펫인지 |

대부분의 미국 집은 바닥이 카펫입니다. 우리와는 조금 다르지요. 그런데, 가족 중에 알레르기가 있는 경우에는 무척 곤란합니다. 최근 미국의 집도 바닥을 마루로 바꾸는 경향이 있으므로 집을 구할 때 이런 부분

도 고려해보는 것이 좋습니다.

| 1층 혹은 2층이나 3층 |

아이들이 어려서 많이 뛰는 경우에는 1층이 좋습니다. 타국 땅에서까지 아래층의 눈치를 보게 하면 아이들이 너무 불쌍합니다. 아이들이 어리지 않다면 2층이나 3층이 좋습니다. 이는 한국과 비슷하다고 볼 수 있습니다. 그런데 한 가지 유의할 사항은 우리나라의 1층은 도난방지를 위해서 방범창이 잘 설치되어 있는데 비해 미국아파트는 도난방지장치가 무척 허술합니다. 초보자 도둑도 쉽게 성공할 수 있을 정도로 허술하게 보안이 되어있기 때문에 1층을 얻는 경우에는 도난에 유의하시기 바랍니다. 또한 1층인 경우에는 우리나라와 마찬가지로 2층이나 3층보다 춥습니다.

| 방향 |

우리나라 사람들은, 특히 여자들은 방향을 무척 중요하게 생각합니다. 그래서 대부분의 집이 남향이거나 남동향입니다. 미국사람들은 방향을 별로 중요하게 생각하지 않은 것 같습니다. 북향집도 의외로 많고, 남향으로 집을 짓더라도 집안으로 햇볕이 많이 들어오지 않게 해 놓는 것 같습니다. 처음에는 집에 햇볕이 많이 들어오지 않아서 적응이 되질 않았습니다. 미국사람들은 더운 것을 무척 싫어하기 때문에 가급적이면 집을 시원하게 지으려는 경향이 있답니다. 우리는 지방이 적어서 추위를 많이 타고, 미국인들은 지방이 많아서 그런 것인지는 모르겠지만, 햇빛이 집안까지 들어오는 집을 찾는 것은 쉽지 않습니다. 만약 한국에서 미리 아파트 단지의 배치도(p.109 단지 배치도)를 받아볼 수 있다면 들어가는 집의 방향을 대략 짐작할 수 있습니다.

| 살펴보기 |

 붙박이 가구나, 빌트인으로 설치된 가전제품은 무엇이 있는지 살펴보십시오. 또한 오며 가며 이웃에는 어떤 사람들이 사는지 살펴보는 것이 중요합니다. 한국 사람들이 많이 사는 곳이면 비교적 좋은 곳이라고 생각하면 될 것 같습니다. 주변의 편의시설로 대형 마트나, 한국 상점, 공공도서관 등이 있다면 더욱 좋을 것입니다.

America Story

★★★ 아파트 계약서

집을 얻겠다고 결정을 하면 여러 장으로 인쇄된 용지로 이루어진 계약서에 사인을 하라고 할 것입니다. 계약서는 나중에 필요한 경우가 생길 수도 있으므로 잘 보관하고 있는 것이 좋습니다. 또한 계약서가 한 장이 아니라 여러 장이기 때문에 아예 읽기를 포기할 수도 있으나, 그로 인해 중대한 손실을 볼 수도 있으므로 정착을 어느 정도 마무리 한 후에는 차분히 앉아서 자세하게 읽어 볼 필요가 있습니다. 계약서의 대략적인 내용은 집에 대한 기본적인 정보 외에 각종 공과금은 어떤 방식으로 청구를 하는지, 집에 하자가 있는 경우에는 어떻게 해야 하는지, 이사 나갈 때는 어떻게 해야 하는지, 계약 기간 전에 나갈 때에는 어떻게 해야 하는지 등에 대한 내용이 자세하게 적혀있습니다.

우리나라에서도 전세, 월세 혹은 매매 계약서를 작성할 때 주된 내용 외에 세부사항도 따로 명시를 합니다. 당사자 간의 분쟁이 생기는 것을 예방하기 위함인데, 미국에서도 마찬가지입니다. 집을 계약할 때 주된 내용 이외에 세부사항을 자세히 읽어보아야 합니다. 제가 있었던 아파트 계약서에 있는 내용 중 꼭 알아야 할 부분을 정리해 본다면 다음과 같습니다.

1 임대료는 매달 1일에서 3일 사이에 내야하며, 이때 수표나 머니오더로 내야하고, 현금은 받지 않습니다. 연체되면, 연체료를 부과합니다.
2 임대료는 선불입니다. 만약 매달 1일에서 3일 사이에 납부를 하지 않으면 연체료를 내는데, 연체료의 액수가 50~100달러이기 때문에 상당히 부담됩니다. 기간을 잘 지키시기 바랍니다. 일부 아파트에서는 임대료가 자동이체 될 수도 있습니다. 납부기한을 지키기 어려운 경우에는 자동이체를 이용하는 것도 하나의 방법입니다.
3 계약을 해지하려면 60일전에 leasing office에 미리 알려주어야 합니다. 1년을 계약하고 입주를 하였는데, 그전에 이사를 가야 할 상황이 발생을 하면 이사 가기 60일 전에 leasing office에 알려주어야 합니다. 만약 이사 가기 한 달 전에 알려주면 한 달 렌트비를 추가로 지불해야 합니다.
4 재계약 여부는 계약 종료 30일전에 미리 알려주어야 합니다. 1년 계약을 하고 입주를 하였는데, 더 연장을 할 것인지, 아니면 종료할 것인지에 대해서는 계약 종료 30일 전에 알려주어야 합니다.
5 주차장출입카드, 집열쇠, business center열쇠 분실시의 벌금은 25달러입니다. 입주를 할 때 leasing office에서는 집열쇠를 포함하여 여러 가지의 열쇠를 줄 것입니다. 이것 역시 이사 나갈 때 반납을 해야 하는데, 만약, 분실을 하였다면 항목마다 벌금을 내야합니다.

아파트 계약서

얻고자하는 아파트의 number, 월렌트비, 보증금 등이 표기되어있습니다. 확인 후에 최종계약을 하면 됩니다.

단지배치도

미국의 집은 우리나라와 달리 방향에 대한 고려가 별로 없는 것 같습니다. 이 단지배치도에 보이는 것처럼 북향집도 많습니다. 따라서 방향이 궁금하다면 계약 전에 단지배치도를 미리 보는 것도 도움이 됩니다.

America Story ★★★★★★★★★★★★★★★★★★★★★★

★★★ 집 계약할 때 몇 가지 도움이 되는 사항

★ 소개비 지원여부 묻기 ★

일부 아파트에서는 아파트를 계약할 때 그 아파트에 사는 A라는 사람이 소개해 주었다고 하면 아파트에서 A씨에게 소개비조로 일정액을 지급해 주는 제도가 있습니다. 제가 사는 아파트의 경우에도 bed수에 따라 200~500불정도의 소개비가 지급되는 것으로 알고 있습니다. 이런 경우 본인이 당장 혜택을 받지는 못한다 할지라도 궁극적으로는 본인에게 도움이 된다는 것을 알게 됩니다.

★ 세일기간 ★

방이 잘 나가지 않는 즉, 비수기에는 세일기간이 있습니다. 이 시기에 계약을 하시면 할인을 받을 수 있습니다. 그러므로 이러한 혜택도 잘 알아보는 것이 좋습니다.

★ 영수증 챙기기 ★

계약이 체결될 때에는 늘 돈이 오가게 됩니다. 이때 반드시 영수증을 받게 되어있습니다. 현금을 주고받는 경우는 거의 없고, 수표나 머니오더로 지불을 하게 됩니다. 이때 반드시 영수증에 해당되는 것을 보관하고 있는 것이 중요합니다. 돈을 지불했음에도 돈을 받지 못했다고 하는 경우가 발생할 수 있고, 이런 경우를 방지하기 위하여 leasing office에서는 현금을 받지 않지만, 그럼에도 불구하고, 이중청구를 하는 경우가 있다고 합니다. 따라서 반드시 영수증 혹은 복사본(수표나 머니오더 발행시 자동으로 복사본이 발행됨)을 잘 보관해놓으시기 바랍니다.

★ 한 달 집세 ★

평균적으로 집세는 한 달 지출비의 30~50%를 차지합니다. 일례로 한 달 생활비가 5,000달러라고 하면 집세가 유틸리티를 포함하여 약 2,500달러이고 나머지 2,500달러를 가지고 쌀 사고, 반찬 사고, 과자 사고, 놀러가고, 옷 사고, 기름 넣고, 애들 공부시키는 것 같습니다. 그럼, 생활비가 그보다 적은 사람은 어떨까요? 그것에 맞추어 집세를 줄이죠. 즉 집세를 덜 내는 방향으로 계획을 세우게 되는 것이고, 생활비 예산이 넉넉한 사람은 집세도 따라서 올라가는, 즉 좀 더 좋은 집에서 살게 되는 것입니다. 따라서 집세는 아무리 비싸도 한 달 예산의 절반을 넘어서는 안 될 것 같습니다. 아니면, 의식(衣食)이 해결되지 않으니까요.

★ 보증금(deposit) ★

한 달 집세 정도의 액수를 보증금으로 leasing office에 냅니다. 이 액수는 입주시와 퇴거시 집의 상태 변화(훼손정도)에 대한 보수비용에 대한 보증금이라고 생각하면 됩니다. 따라서 그 집에 사는 동안 집안을 많이 훼손시킨 경우에는 원상복구 시키는데 드는 비용이 많기 때문에 되돌려 받는 액수가 줄어들게 됩니다.

★ 입주 후 하자 여부 확인하기 ★

입주를 한 후 일주일 이내에 하자가 있는 부분이 있는지 자세하게 살펴볼 필요가 있습니다. 왜냐하면, 계약을 하면서 보증금으로 낸 deposit은 한 달 렌트비와 비슷한 거금입니다. 이사를 나갈 때 입주시와 비교하여 손상된 부분이 있다면, 그 보증금에서 수리비만큼을 제하고 반환을 해주기 때문입니다. 따라서 입주 후 일주일 이내에 부서진 부분이 있는지, 벽에 페인트칠이 벗겨진 부분은 없는지, 카펫이 찢어지거나 얼룩이 없는지 확인을 하시고, 문제가 있다면 leasing office에 미리 알려주어야 불이익을 당하지 않습니다.

America Story

★★★★★ 전화
★★★★★

　요즘 한국에서는 휴대폰이 대중화되면서 집전화의 인기가 시들해지고 있습니다. 아예 집전화가 없는 집도 있습니다. 이러한 상황은 미국에 연수 온 가정에서도 비슷한 것 같습니다. 휴대폰만 개통하여도 생활하는 데 불편함은 없습니다.

★ 집 전화 개설하기 ★

　집 전화를 개설하는 방법은 어렵지 않습니다. 아파트의 leasing office에서 알려준 전화회사에 전화를 걸어 전화를 개설한다고 하시면 됩니다. 물론 전화기는 본인이 직접 준비를 해야 합니다. 요금은 단거리 및 장거리 국내전화, 국제전화의 조건에 따라 조금씩 차이가 있습니다. 본인의 상황에 맞게 선택을 하시면 될 것 같습니다.

★ 휴대폰 ★

　우리나라의 휴대폰회사가 SK, KTF, LG 등 여러 개가 있는 것처럼 미국에도 여러 휴대폰회사가 있습니다. 그 중 Verizon, T-mobile, AT&T

등이 대표적인 것 같습니다. 먼저 한국에서 사용하던 휴대폰은 출국 전에 일시 정지를 신청해야 합니다. 해지가 아니라 정지를 시키면 매월 소액의 번호 유지비가 청구되지만 그래야 귀국 후에 이전에 쓰던 번호를 계속 사용할 수 있습니다. 장기간 휴대폰을 정지하기 위해서는 통신사에 연수 관련 근거 서류를 제출해야 합니다. 각 통신사에 문의하면 자세히 상담 받을 수 있습니다. 한국에서 사용하던 휴대폰을 미국으로 가져가 사용하는 것도 좋습니다. 그러기 위해서는 반드시 휴대폰 Country Lock을 해제하고 가져가야 합니다. Country Lock이란 특정 국가에서 생산된 휴대폰이 그 나라에서만 사용되도록 lock을 걸어놓은 것인데, 최근에 나온 휴대폰은 생산할 때부터 Country Lock이 해제되어 나온다고 합니다. 그래도 출국 전에 country lock은 꼭 한번 확인하시기 바랍니다. 아이폰, 삼성 갤럭시, LG 등 한국에서 많이 사용하는 휴대폰은 미국에서 유심(USIM)칩을 구입해 바꾸고 몇 가지 설정을 변경하면 미국에서 바로 사용할 수 있습니다. 미국용 유심칩을 한국에서 미리 구입해 가는 경우가 있으나 미국 통신사에 가입 시 유심칩을 구입하여도 큰 차이는 없는 것 같습니다. 미국 유심칩으로 바꾸면 한국에서 쓰던 유심칩은 잘 보관하였다가 한국으로 귀국할 때 공항에서부터 사용하시면 됩니다.

 미국에서 휴대폰을 개통하는 방법은 크게 두 가지입니다. 한국에서처럼 2년 약정을 하고 일정금액 할인을 받으며 사용하는 일반적인 방법과 선불폰(Prepaid)이라고 하여 기간 약정 없이 미리 사용할 통화량과 데이터 사용량을 정한 후 그 범위 내에서 사용하는 방법입니다. 미국 내 대부분의 통신사에 일반적인 방법으로 가입하기 위해서는 기간 약정이 필요한데, 요즘 1년 약정은 거의 없으며 2년 약정을 해야 합니다. 그렇게 되면 단말기 할인, 통화 할인, 동일 통신사 간 무료통화 시간 등을 받을 수 있습니다. 약정 기간을 채우지 못하면 위약금을 내야 하는데 약 150~300

불 정도 된다고 합니다. 또한 가입하기 위해서는 신용도가 있어야 하는데 연수자는 미국 내 신용도가 없고 SSN(social security number)도 없어 많은 금액의 보증금(deposit)을 가입 시에 내야만 합니다.

다른 가입 방법인 선불폰(Prepaid)은 대형 통신사나 H2O, Simple, Net10, Ultra 등의 마이너 통신사에서 비교적 저렴하게 가입할 수 있습니다. AT&T 시그널을 이용하는 H2O 통신사의 경우에는 요금제가 월 30불부터 60불까지 있는데. 월 40불인 경우에 무제한 통화·문자메시지, 1G 데이터, 국제전화 20달러의 조건이었습니다. 통신망은 AT&T를 사용하므로 통화품질이 떨어지지는 않으며, 데이터가 약정을 초과한 경우 바로 사용할 수 없는 것이 아니라 다음 달 데이터를 미리 당겨 쓸 수 있어 사용하는데 큰 지장은 없습니다. 다만 비용을 미리 지불해야 하는 번거로움이 있는데 한 번에 3개월 치씩 미리 지불할 수 있어 처음 1~2개월은 매월 지급하며 사용해 보다가 요금제가 본인에게 맞는다면 이후에는 3개월씩 지불하시면 편리합니다. 하지만 30일 간격으로 계약이 되므로 마지막 달에 귀국 날짜가 맞지 않으면 1주일만 사용하더라도 한 달 요금을 내야 합니다. 선불폰을 사용하면 마지막 달에 조금의 불이익은 있지만 기간 약정이 없고, 한국에서 가져간 휴대폰을 사용한다면 2년씩 약정하여 단말기 할인을 받을 필요가 없으며, 가입 시 보증금이 없고, 한국으로 귀국할 때에 휴대폰 계약을 해지하기 쉽습니다.

휴대폰 가입은 본인의 연수 기간이 2년 이상인지, 한국 휴대폰을 가져가는지 아니면 미국에서 새로 구입해야 하는지, 해당 지역에 통신사의 가입 조건 등을 종합적으로 고려하여 가입하는 것이 좋겠습니다.

America Story ★★★★★★★★★★★★★★★★★★★★★★

★★★
★★★ **SSN(Social security number)받기**

　J1비자를 가지고 연수를 가게 되면 SSN을 받을 수 있습니다. 우리나라로 치면 주민등록번호라고나 할까요. 직장에서 정식으로 일을 하려면 이 번호가 있어야 하는 것으로 알고 있으며 따라서 직업을 가질 수 없는 사람 즉, J2비자를 가진 사람은 SSN을 받을 수 없습니다. Credit을 축척할 때도 이 번호가 필요합니다. SSN이 있다고 크게 도움이 되는 것도 아니지만, 없으면 상당히 불편합니다. 연수지와 가까운 Social security office에서 절차를 밟으시면 됩니다. 911테러가 일어나기 전에는 방문비자를 가진 사람들에게도 SSN이 발급되었으나, 이후 SSN에 대한 발급이 엄격해졌습니다.

필요한 서류

❶ 여권

❷ 비자

❸ DS-2019

❹ 보스의 편지

❺ I-94

★ 연수시작날짜 이후에 Social security office에 가기 ★

연수시작 날짜 이후에 SSOffice에 가셔야 합니다. 이것은 제가 경험한 것이기 때문에 더 절실하게 느껴지는지도 모르겠습니다. 그리고 아주 많은 분들이 경험을 하신 것으로 알고 있습니다. 좀 더 자세히 설명을 드리겠습니다. 제 연수시작 날짜는 2008년 1월 1일이었습니다. 저는 연수 시작 5일전에 미국에 입국을 했습니다. 출근 전에 행정업무들을 가능하면 많이 처리하려는 의도로 2007년 12월 31일 SSOffice에 갔습니다. 아침 9시부터 업무를 시작하는 것으로 알고 있었고, 오래 기다린다는 것도 알고 있었기 때문에 사무실 밖에서 8시 30분부터 줄을 서서 기다리고 있었습니다. 정확하게 SSOffice는 9시에 문을 열었습니다. 번호표를 뽑고, 서류를 작성하면서 약 2시간 정도를 기다렸습니다. 제 번호가 되어 상담원과 얘기를 시작하려니, 상담원 왈, "너의 연수시작은 2008년 1월 1일이고, 오늘은 2007년 12월 31일이다. 우리는 연수 시작된 날 이후로 SSN을 줄 수 있다"고 하더라고요. 상당히 화가 났습니다. 이런 내용을 미리 알지 못했고, 이 말을 듣기 전까지 너무 오랜 시간을 기다렸고, 이것 말고도 해야 할 일들이 많았기 때문입니다. 물론 아이들도 옆에서 지루하게 같이 기다리고 있었습니다. 잠시 열을 식히면서 머릿속에 드는 생각은 '그럼, 내일 모레(1월 2일)와서 다시 또 줄을 서서 기다리는 과정을 거쳐야 한단 말인가?' 였습니다. 그래서 다시 물었습니다. "그럼, 내일모레도 이렇게 와서 기다렸다가 너를 만나야 하냐?" 그랬더니, 예약을 잡아주었습니다. 다음 번 방문 때에는 예약번호표를 뽑으면 많이 기다리지 않을 것이라는 설명과 함께. 그래서 다음 번 방문 때에는 조금 수월하게 일을 진행하였습니다. 결론은 반드시 비자에 나와 있는 연수시작 날짜가 (적어도 하루는) 지난 다음에 SSOffice에 가셔야 한다는 것입니다. 그전에 가시면 두 번 걸음 하게 됩니다.

ss-5양식

이 양식은 SSOffice에도 비치되어 있고, www.ssa.gov/online/ss-5.pdf에서도 다운로드 받을 수 있습니다. 가장 주의할 점은 SSOffice에 가는 시점입니다. 반드시 J1비자에 나와 있는 연수 개시일 이후에 가셔야 합니다.

SSOffice에서 작성하는 서류에서 특이한 점은 어머니의 결혼 전 성 (family name)을 묻는 것입니다. 우리나라의 경우는 여자가 결혼을 해도 성이 변하지 않는데, 미국의 경우에는 어머니의 성이 결혼을 하면 아버지의 성으로 바뀌기 때문에 우리에게는 특이하게 느껴지는 것 같아요. 가끔씩 은행업무나 기타 업무를 전화로 볼 때도 어머니의 결혼 전 성을 물어봅니다.

이렇게 어려운(?) SSN 받는 절차를 거치고 나면 한 장의 서류를 상담원이 줍니다. 약 2주 뒤에 SSN을 우편으로 받을 것이라는 내용인데, 4주가 지난 뒤에도 받지 못한다면, 다시 SSOffice에 확인을 해보아야 합니다. 미국에서도 우편배달사고가 종종 발생을 하기 때문입니다. 어디서 사고가 발생하는지는 모르지만, SSN이 없으면 불편한 경우가 많기 때문입니다. 이때 아직 SSN을 받지 못했으니 다시 발부해 달라고 말씀을 하셔야 합니다. 한 번 받아 놓으면, 평생 다시 받을 필요는 없기 때문에 불편하더라도 한 번은 받아야 합니다. 이렇게 고생을 하고 받은 SSN은 명함크기의 아주 작은 종이에 번호가 적혀있는 것입니다. 이렇게 힘들게 받은 것이 이런 작은 종이인가 하는 생각도 들지만, 그래도 이것이 없으면 무척 불편하고 또 누구나 받을 수 있는 것은 아니기 때문에 소중하게 보관하십시오.

우리나라의 주민등록번호와 마찬가지로 SSN을 통해 credit 이나 과거 기록 등이 검색되기 때문에 많은 회사에서는 이 기록을 근거로 당사자의 신용도를 평가하게 됩니다.

★ 주마다 다른 SSN과 운전면허시험의 관계 ★

SSN과 맞물리는 문제가 운전면허시험입니다. SSOffice에 SSN을 신청하고 SSN이 집으로 배달되기까지는 빨라도 2주가 걸립니다. 또한 연수시삯 날짜가 지나야만 SSN을 신청할 수 있습니다. 그런데, 주마다 자동차시험에 대한 기준이 다릅니다.

캘리포니아의 경우에는 미국에 입국하고 나서 10일 이내에 운전면허 시험을 보아야만 합니다. 따라서 SSOffice에 SSN을 신청하는 것과 운전면허 시험 보는 것을 각각 진행할 수밖에 없습니다. 그렇지 않고, SSN이 나올 때까지 기다리면, 운전면허 시험을 늦게 볼 수밖에 없고, 이는 불법이 되기 때문입니다. 그러므로 DMV에서 시험을 볼 때 SSN 칸은 빈칸으로 남겨놓으십시오. 911테러이후 SSN에 대한 발급이 엄격해지면서 SSN이 없어도 운전면허시험을 볼 수 있게 법이 개정되었다고 합니다. 그러나 까다로운 DMV직원을 만나면 SSN이 없는 것을 가지고 계속 시비를 걸 수 있습니다. 이런 경우를 대비해서 SSOffice에 가서 Social Security Denial Letter (SSA-L676)를 발부 받으십시오. 이는 '이 사람은 SSN을 받지 못하는 신분이기 때문에 혹시 당신들이 SSN을 필요로 하면 이 서류를 보고 잘 좀 봐 주세요' 하는 내용을 적어 놓은 서류입니다.

조지아 주에서는 SSN을 발급받은 후에 운전면허시험을 보게 되어있다고 합니다. 이런 경우에는 SSN이 나오기 전까지는 국제 운전면허증을 가지고 운전하셔야 합니다.

SSN 카드
우리나라의 주민등록번호가 적혀있는 것과 비슷한 카드입니다. 이 카드를 받고 나면 카드를 받기 전까지의 노력이 조금 허탈해집니다.

운전면허 따기

    미국은 나라가 크기 때문에 하나의 주가 하나의 나라라고 생각하는 것이 편할 때가 있습니다. 따라서 행정절차들도 주마다의 규정을 확인하신 후에 진행하십시오. 그러나 미국에서 운전하는 것은 정말 행복합니다.

★ 운전면허를 꼭 따야 하는 이유 ★

    미국에 도착하면 제일 먼저 할일 중의 하나는 운전면허를 따는 것입니다. 물론 국제면허증으로 1년을 버틴다는 생각을 할 수도 있으나, 결국에는 운전면허증이 필요하다는 것을 곧 실감하게 됩니다. 미국에서 운전면허증은 우리나라와 마찬가지로 단순한 면허증이 아니라 ID로서의 역할을 충분히 합니다. 게다가 자동차운전을 하려면 면허증 외에도 필수적으로 필요한 것이 보험인데, 우리나라와 달리 미국에서는 보험에 들지 않고 운전하는 것이 불법으로 되어있습니다. 그런데 국제면허증을 가지고 있는 운전자는 보험회사에서 보험을 받아주지 않거나 받아주더라도 그 주의 면허증이 있는 사람에 비해 상당히 많은 보험료를 내야합니다. 따라시 한인 사이트에서 힌글로 된 필기 시험지를 미리 입수할 수 있다면 미국에 입국하는 비행기에서 필기시험공부를 미리 하십시오. 그리고 입국 다음날 바로 필기시험을 보면, 그 다음의 행정수속들이 좀 더 쉽게 진행됩니다. 한국에서 운전면허증을 가져오는 경우(국제운전면허증이 아니라), 필기시험만 합격하더라도 임시면허증이 나오게 되고 이 임시면허증만 있으면, 차를 사거나, 렌트할 수 있고, 이 임시면허증이 ID의 역할도 하기 때문입니다.

운전면허시험을 보기 위해서는 우선 DMV에 가야 합니다. DMV는 Department of Motor Vehicle의 약자입니다(www.dmv.org). 참고로 DMV는 민원이 많기로 소문난 공공기관 중의 하나이지요. 이곳에 가면 기다림이 기본이라고 생각하셔야 합니다.

★ 시험 치러 가는 날짜 ★

그래도 조금 덜 기다리시려면, 월초나 주초는 피하시고, 가급적이면, 미리 예약을 하고 가시거나, 예약이 힘들 경우에는 opening time이나, closing time에 가깝게 가시면 덜 기다리실 수 있습니다. 그런데 어떤 업무는 마감시간이 closing time보다 훨씬 빠를 수 있으므로(일례로 운전면허 시험의 필기시험 시작시간) 마감시간을 미리 알아보고 가시는 것이 좋습니다. 월요일 아침보다는 목요일이나, 금요일 오후에 가시면 대기시간을 줄일 수 있습니다.

이곳에서 우선은 줄을 섭니다. SSOffice와 마찬가지로 오로지 번호표를 뽑기 위해서입니다. 번호표를 뽑으면 안내원이 무엇을 할 거냐고 물어봅니다. 그러면 운전면허시험을 볼 거라고 대답하시면 됩니다. 그러면 책받침이 달린 종이를 주면서 어디어디에 표시를 하라고 할 것입니다. 이때 신분증, 즉 ID도 같이 신청할 것이라고 하세요. 실기시험까지 합격하셔도 플라스틱으로 된 정식 운전면허증이 내 손에 주어지기까지는 약 3개월의 시간이 필요합니다. 미국에서 ID로 가장 많이 사용되는 것이 운전면허증이고, 연수자의 경우 ID로 가지고 있는 것이 여권 밖에 없는 경우가 많으므로 정식 운전면허증이 나오기 전

운전면허증
운전면허증이 발급되면 나를 증명하는 ID로 더 이상 여권을 들고 다닐 필요가 없어 아주 좋습니다. 운전면허증이 집으로 배달되었을 때 운전면허증의 유효기간을 확인해 보는 것도 중요합니다.

까지는 여권을 계속 가지고 다녀야 하는 불편을 겪을 수도 있습니다. 왜냐하면 가운전면허증(temporary driver license)에는 사진이 없습니다. 그런데 이때 ID를 같이 신청하면 약 2주 뒤에 운전면허증과는 별개로 ID를 받을 수 있으므로 약간의 비용(10-20불)이 들더라도 ID를 신청할 것을 권하고 싶습니다.

America Story

★★★ 운전면허를 따는 흐름도

★ 인터넷예약 ★

인터넷 예약을 하면 DMV에 가서 기다리는 것보다는 대기기간이 훨씬 줄어듭니다. 물론 인터넷 예약은 한국에서도 되는 것으로 알고 있습니다. 혹은 정착지에 계신 친지와 연락하셔서 가까운 곳의 DMV에 예약을 하십시오. 인터넷으로 예약을 하셨다면 입구에 가셔서 예약이 되어있는데 어디로 가면 되냐고 먼저 질문을 하시고 예약된 사람이 서는 줄에 서십시오.

★ 필기시험공부 ★

미국으로 출발하기 전에는 공부를 할 시간이 별로 없습니다. 따라서 시험공부자료를 미리 준비하였다가 미국으로 향하는 비행기 안에서 공부를 하시는 것이 좋습니다.

★ 양식(Driver License Application Form) 작성 요령 ★

1. Original driver license(DL)/ Identificatim Card(ID)도 같이 신청하

는 난에 체크하세요.

2. State : 현재 거주지의 주

　　Date of Birth : 생년 월-일-년의 순서로 작성하세요.

　　머리 색깔 : 한국 사람은 보통 black이지요

　　눈 색깔 : 한국 사람은 Black 혹은 Brown

　　키(Height) : 우리나라와는 달리 cm으로 작성하는 것이 아니라 몇 feet 몇 inch로 작성을 합니다. 참고로 160cm 이면 5feet 3inch, 170cm 이면 5feet 7inch, 180cm 이면 5feet 11inch입니다. 이것과 비교하여 본인의 키를 작성하십시오.

　　몸무게(Weight) : 이것 역시 우리나라와 달리 pound로 기록을 합니다. 참고로 50kg은 110Lbs, 60kg은 132Lbs, 70kg은 154Lbs입니다. 대략 kg의 두 배 조금 넘는다고 생각하시면 됩니다.

3. SSN이 없으면 빈칸으로 두시면 됩니다. 투표 등과 같이 본인이 해당되지 않는 칸에는 No로 체크하시면 됩니다. 특이하게 장기 기증란이 있을 것입니다. 사고시 장기기증의 의사가 있으시면 체크를 하시면 되지만, 우리의 정서상 대부분이 No를 체크하는 것 같습니다. 물론 저를 포함해서요.

　　참, 이 모든 정보가 운전면허증에 표시가 됩니다. 아마도 운전면허증의 진위여부를 확인하기 위해서 위의 항목이 사용되기도 하는 것 같습니다.

　　작성한 양식을 DS-2019, I-94가 철해진 여권과 같이 내시면, 서류 확인 후 돈을 내시고 시력검사가 진행됩니다.

Driver License Application Form

각 주마다 양식이 조금씩 다를 수 있으나, 내용은 비슷할 것입니다. 키, 몸무게의 단위가 우리나라와 조금 다르므로 본문을 참조하시기 바랍니다.

★ 시력검사 ★

필기시험 전에 시력검사를 합니다. 운전시 안경을 착용할 경우에는 안경을 착용하고 시력검사를 받게 되며, 그것이 운전면허증에도 표시됩니다.

★ 필기시험 ★

교통법규나, 신호등, 경사로에서의 주차, 도로표지판과 관련된 시험으로 그림문제도 나옵니다. 대부분의 지역에서 한국어로 된 시험지가 있습니다. 번역이 조금 허술하게 된 부분도 있으나, 그래도 영어 시험지로 보는 것 보다는 나을 것 같습니다. 한국에서와 다른, 혹은 새로운 사항들이 있기 때문에 공부를 안 하고 보면 떨어지기 쉽습니다. 또한 한번 떨어지면 다음번에는 합격점(소위 커트라인)이 더 높아지기 때문에 가능한 1차에 붙는 것이 좋습니다. 기출문제집은 보통 한인 사이트나, 한인 상점에 놓여 있는 한인업소록 뒤에 부록으로 포함되어 있어 쉽게 구하실 수가 있습니다. 시험을 다 보셨으면, 담당관에게 답안지를 제출하시고, 담당관은 그 자리에서 채점을 합니다. 따라서 바로 합격여부를 알게 되지요.

★ 가운전면허증 만들기 ★

필기시험에 합격을 하시면, 가운전면허증을 만들기 위해 카메라에 가서 사진을 찍으시고, 지문을 찍습니다. 곧이어 하얀 종이에 인쇄된 가면허증을 받게 됩니다. 이것이 있으면, 일단 미국 내에서 어느 정도 행사할 수 있는 ID는 확보를 한 셈입니다.

★ 실기시험 ★

실기시험은 인터넷이나 전화로 예약을 합니다. 실기시험 전에 미리 연수를 받는 것이 좋습니다. 필기시험은 공부를 하면 쉽게 붙을 수 있지만, 실기시험, 즉 도로주행은 한국에서 운전을 오래 하신 분이라도 쉽게 합격하기는 힘듭니다.

  실기시험용 차량은 본인이 직접 차를 마련을 해야 합니다. 즉 본인의 차를 가지고 가거나, 아니면 렌트를 해서 가지고 가야 합니다. 이때 차량등록증과 보험증서를 같이 가지고 가셔야 합니다.

운전면허 실기시험의 흐름도

★ 실기시험이 예약된 날 ★

예약된 시간보다 약 30분전에 DMV에 도착하셔서 일반주차장에 차를 주차하시고, 등록창구에서 차량등록증과 보험증서, 가운전면허증을 제시하면서 실기시험 보러왔다고 하시면, 확인증을 줄 것입니다. 이것을 본인의 차량 앞에 부착하시고, 실기시험이 시작되는 곳으로 차를 이동 주차하시면 됩니다.

각 주마다 조금씩 다르겠지만, 다음에서 보시는 것처럼 운전 시작전과, 운전하면서 체크하는 여러 개의 항목 중에서 9~13번 중 3개 이상 틀리면 실격, Critical error항목에서는 하나라도 틀리면 실격, 총 15개 이상이 체크되면 불합격이 됩니다.

★ 운전 시작 전에 체크하는 항목 ★

운전자는 운전석에 앉아있고, 시험관이 차 밖에서 다음의 사항들을 확인한 후에 차량에 동승을 합니다.

❶ Driver window : 창문을 열어보라고 합니다.
❷ Windshield
❸ Rear view mirrors
❹ Turn signals F/B : 우회전, 좌회전 깜빡이를 켜보라고 합니다.
❺ Brake lights : 브레이크를 밟아보라고 하고 브레이크 등이 들어오는지를 확인합니다.
❻ Tires : 타이어의 압력, 마모 정도를 보는 것 같습니다.
❼ Foot brake
❽ Horn : 경적을 울려보라고 합니다.
❾ Emergency/parking brake : 이것을 가리키라고 합니다.
❿ Arm signals : 수신호를 해보라고 합니다. 해가 너무 강하거나 깜빡이가 제대로 역할을 할 수 없는 경우 아래의 그림처럼 수신호를 사용하여 좌회전, 우회전, 정지(혹은 서행)를 표시할 수 있습니다.

수신호
자동차의 깜빡이가 고장나거나, 자전거를 타는 경우 수신호를 사용하게 됩니다. 알아두면 시험에 합격해서 좋고, 실생활에서도 유용하게 사용될 수 있습니다.

⓫ Windshield wipers : 이것을 작동해보라고 합니다.
⓬ Defroster : 성애제거기능(에어컨을 아주 세게 켜면 됩니다.)
⓭ Emergency flasher : 비상등을 켜보라고 합니다.
⓮ Headlights : 등을 켜보라고 합니다.
⓯ Glove box : 조수석 앞쪽에 있는 물품보관함. 이 안에 차량등록증과 보험증서가 들어있어야 합니다. 소위 핑크슬립은 차량등록증과 분리 보관하여야 하며, 따라서 핑크슬립이 이 박스 안에 있는 경우에는 체크를 당합니다. 반드시 핑크슬립은 집에다 보관하셔야 합니다.
⓰ Seat belts : 안전벨트를 제대로 매었는지 보겠지요.

16번 항목까지 체크를 한 다음에 시험관이 조수석에 동승을 합니다. DMV밖으로 나가서 DMV주변 길을 약 15-20분 주행하게 됩니다. 주행을 하면서 다음의 사항들을 체크합니다. 이때 천천히 말해달라는 부탁을 잊지 마십시오. 당황하면 시험관의 지시를 잘 알아듣지 못할 수도 있으니까요.

★ Critical error ★

시험관을 방해하거나, 사람을 치거나, 신호를 지키지 않거나, 안전을 준수하지 않거나, 위험하게 운전하거나, 과속하거나, 차선을 지키지 않는 것 등이 Critical error항목에 해당합니다.

★ 운전을 하면서 보는 항목 ★

주차시 : 교통 체크 및 속도
교차로 통과시 : 교통체크, 속도, 양보, 불필요한 정지
정지시 : 교통체크, 감속, 완전한 정지, 정지선 준수여부
출발시 : 교통체크, 양보, 속도
상업, 거주 지역에서 : 교통체크, 속도, 간격, 차선위치
후진시 : 교통체크, 신호, 속도, 평행하게 후진하는지, 조절능력
차선변경 : 교통체크, 신호, 속도, 간격, 너무 급격하게 바꾸는지
좌우회전
  접근시 : 교통체크, 신호, 감속, 양보, 차선사용, 불필요한 정지
  정지시 : 교통체크, 완전한 정지, 정지선 준수여부, 바퀴가 바로 되어있는지
  회전시 : 교통체크, 양보, 회전속도, 차선준수, 속도, 신호

속도 : 제한속도를 반드시 지켜야 합니다. 제한속도보다 절대로 빨리 달려서는 안 되며, 그렇다고 너무 늦게 달려서도 안 됩니다. 만약 제한속도가 40마일인 경우에는 이보다 조금 낮은 약 35마일정도로 달리시면 될 것 같습니다.

★ 실기 시험시 주의사항 ★

시험시 체크하는 항목을 자세히 보시면 아시겠지만, 운전 시작 전에 체크하는 항목에서는 운전자가 본인의 차량에 대해서 기본적으로 반드시 알아야 할 사항들을 체크합니다. 특히나 defroster는 처음 대하는 단어라 당황할 수도 있으나, 실제로는 우리가 동절기에 많이 사용하는 것이므로 미리 이 단어를 알고 시험장에 간다면 간단히 맞힐 수 있는 문제입니다. 그 외에 특이한 것이 수신호입니다. 우리나라에서는 한 번도 본 적이 없는 것이나, 실제로 미국에서는 많이 사용하고 있는 것 같습니다. 해가 너무 강하여 라이트가 보이지 않는 경우에도 사용이 되고, 자전거를 타는 사람이 많은 미국에서는 이 수신호를 이용하여 본인의 의사표시를 합니다. 따라서 익혀둘 필요가 있습니다. 또 한 가지 유의사항은 한국인의 경우 종종 핑크슬립을 차량 안에 보관하는 경우가 있습니다. 규정상 핑크슬립은 차량 이외의 안전한 곳에 보관하도록 되어있습니다. 우리나라로 치면 차량용 집문서라고나 할까요? 차를 매매할 때는 반드시 이 서류가 필요하므로 안전하게 보관하여 차량을 통째로 온전히 도난당하는 일이 없도록 해야 합니다.

우리나라 분들은 아주 열악한 환경에서도 운전을 하셨기 때문에 도로주행시험은 무조건 합격이라고 생각할 수 있는데, 미국에서의 도로주행시험은 조금 다릅니다. 운전을 얼마나 능숙하게 하는가를 보는 것이라기보다는 필기시험에서 배운 것을 얼마나 실제에 적용하는가를 보는 것입니다. 모든 항목에서 교통체크가 있는 것처럼, 주차나 출발, 교차로, 등등 거의 모든 곳에서는 조금 오버해서 주위를 살피는 척 하는 것이 좋습니다. Stop이면 반드시 서야 하고, 이때 차체가 약간 흔들릴 정도로 완전히 서야(full stop)합니다. 그리고 약 3초 뒤에 교통 상황을 살피면서(좌우를 두리번두리번) 출발해야 합니다. 차선을 바꿀 때에도 사이드 미러나 룸미러만 보고 차선을 바꾸면 안 됩니다. 바꾸려고 하는 차선 쪽으로 완전히 어깨까지 돌리면서 교통을 체크한 후 차선을 변경해야 합니다. 이는 시험 때만 필요한 것이 아닙니다. 미국은 땅이 넓어서인지 차선간의 간격이 우리나라보다 넓고(심하게 표현하면 우리나라의 1.5배), 또 미국 차의 경우 start가 빨라서 상대적으로 우리나라보다 사각(死角)이 넓습니다. 따라서 대형 사고를 예방하기 위해서는 시험 때뿐 아니라, 실제 운전을 하실 때에도 차선 변경 시에는 어깨까지 돌릴 필요가 있습니다. 다시 한 번 말씀드리지만, 실기시험 보실 때는 조금 과하게 조심을 하시는 것이 좋습니다. 그렇다고 너무 저속으로 달려도 안 되지만요.

이렇게 아주 자세하게 적어놓은 이유는 여러 가지가 있습니다. 우선은 미국에서는 차가 없으면, 움직이기가 쉽지 않습니다. 또한 한 번 시험에 떨어지면, 다음 시험날짜가 언제 잡힐지 요원한 경우가 많습니다. 참고로 제가 있는 지역에서는 한번 떨어지면, 다음 번 실기시험날짜가 평균 20-30일 뒤로 정해지고 있었습니다. 실기시험을 1차에 합격하면 거의 경사 났다고 할 정도이고, 대부분의 사람들이 2차 시험까지는 치르는 것으로 보아 쉽지는 않은 것 같습니다. 따라서 시험날짜가 정해지면, 미리 연수오신 선배분께 시험코스를 한번 정도 돌아봐달라고 부탁드리는 것이 좋습니다. 저의 경우 연수 선배께서 시험코스를 한 번 돌아봐주셨는데, 아무래도 부족한 것 같아 한 번 더 돌아봐달라고 바로 부탁을 드려서 그날 두 바퀴를 돌고, 시험보기 전날까지 그 코스를 3-4번 더 혼자서 연습을 했습니다.

  3차 시험에서도 합격을 못하신 경우에는 시험장소를 바꾸어보는 것도 한 가지 방법인 것 같습니다. 보통 연수기관과 인접한 곳에 있는 DMV의 경우에는 약간의 차별이 있을 수 있습니다. 워낙 외국인이 시험을 많이 보러 오니, 합격률도 그에 따라 낮아진다는 얘기도 있습니다. 따라서 집과 가깝다고 같은 곳에서 10번, 20번 시험을 보는 것 보다는 조금 떨어진 한적한 곳에서 다시 시험을 보는 것도 한 가지 방법입니다.

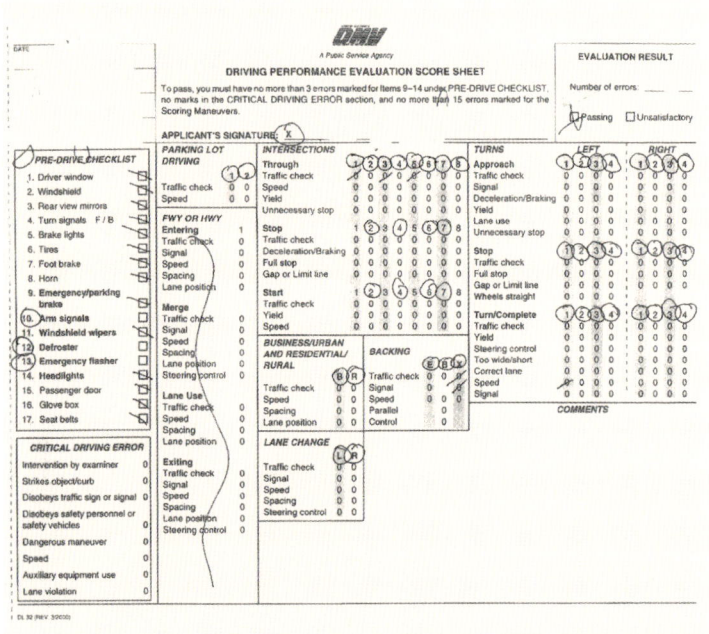

실기시험답안지
시험관이 합격, 불합격을 결정하기 위해 체크하는 포인트라고 보시면 됩니다. 이런 점에 유의하시어 실기시험을 준비하십시오.

실기시험에 합격을 하면 도로주행을 마친 후 실기시험이 시작된 곳으로 다시 돌아왔을 때 시험관이 합격하였다고 답안지에 사인을 해주면, 마지막 관문을 통과하신 것입니다. 그 답안지를 들고 DMV 건물 안의 실기시험 등록창구에 가면 새로운 임시면허증을 줄 것입니다. 그러고 나서 2-3개월 뒤에 플라스틱으로 된 운전면허증이 우편으로 배달됩니다. 그러나 ID를 같이 신청한 경우에는 ID가 먼저 배달되므로 운전면허증이 늦게 도착하더라도 큰 불편함은 없습니다. 혹시 새로 발부받은 임시면허증의 유효기간이 얼마 남지 않았는데도 플라스틱 운전면허증이 배달되지 않으면 어떤 행정적인 오류가 있는지 확인하기 위해 꼭 DMV에 연락을 해보시기 바랍니다. 종종 이런 사고가 발생하니까요.

America Story ★★★★★★★★★★★★★★★★★★★★★★★★★★★★

★★★ **조지아 주에서 운전면허 따기(캘리포니아 주와 다른 점)**

★ 조지아 운전 면허증 취득하기 ★

DDS(Department of Driving Services)에 가서 written test와 driving test를 봐야 합니다. 한국면허증과 국제면허증을 가지고 있으면 두 가지를 하루에 다 볼 수 있게 해 줍니다. 그러나 written test는 조금만 기다리면 볼 수 있는 반면에, Driving test는 예약을 하고 오는 사람들에게 우선권을 주는 것 같습니다. 특히 DDS에 따라서 테스트의 깐깐함이 다르고 기다리는 시간도 다르니 먼저 경험하신 분들의 조언을 들어서 잘 알아보시고 고를 것을 추천합니다.

★ 준비물 ★

한국 운전면허증, 국제 운전면허증, I-20, SSN or Denial letter(SSN받기참조), 주거 증명서, 여권, 20불(사진+면허증 발급비)

입국 후 일정 기간 지나야 SSN을 발급받을 수 있으므로 운전면허증을 발급받을 수 있는 날도 그만큼 늦어집니다. 조급해 하지 마시고 그 때까지는 국제 운전면허증을 가지고 운전하셔야 합니다.

SSN을 받을 수 없는 분들은 denial letter를 가져가야 하는데 이는 '이 사람은 SSN을 받지 못하는 신분이기 때문에 혹시 당신들이 SSN을 필요로 하면 이 서류를 보고 잘 좀 봐 주세요' 하는 내용을 적어 놓은 서류입니다. 정식 명칭은 Social Security Denial Letter(SSA-L676)이고 여권, I-20을 가지고 SSO에 가면 바로 해줍니다.

모든 테스트에 합격하여 조지아 면허증을 발급받으면 한국운전면허증과 국제운전면허증은 돌려주지 않습니다. 예전에는 일정 기간 후 한인회에 돌려주었는데 이제는 아예 폐기 처분한다고 합니다. 그러므로 한국에 돌아 와서는 한국 운전면허증을 재발급 받으셔야 합니다.

★ 운전면허 발급 절차 ★

접수(번호표 뽑기) ➡ 서류 작성 ➡ written test ➡ driving test ➡ 사진 찍기 ➡ 면허증 발급

접수

DDS에 들어가면 help desk에 있는 직원에게 준비해 온 서류들을 보여주고 접수 서류를 받습니다. 서류가 미비한 경우에는 접수대에서부터 퇴짜를 당합니다. 따라서 서류준비를 꼼꼼히 하시기 바랍니다. Written test & driving test 둘 다 보는 사람은 G-번호표를 줍니다.

서류(양식) 작성

받은 양식(Driver License Application From)을 작성하고, 앉아서 기다리다가 번호를 부르면 지정된 창구로 가면 됩니다.

Written test

Written test는 DDS 내에 설치되어 있는 컴퓨터에서 봅니다. Test는 driving law & regulation(20문제), 그리고 street sign(20문제)으로 나뉩니다. 첫 번째 단계를 통과해야 두 번째 단계를 볼 수 있습니다. 각 단계에서 5개까지 틀리는 것은 봐 줍니다. 우측 상단에 현재 점수와 남은 문제 개수 등이 잘 나옵니다. Street sign은 한국에서 운전하셨던 분들은 어렵지 않게 풀 수 있지만 driving law & regulation은 조금 공부를 하셔야 합니다. 한국 마트에 가면 교민들을 위한 안내 책자들에 기출문제들이 나와 있는데 조금씩 다른 문제도 있으므로 2권 정도를 보고 가시면 충분할 것으로 생각됩니다. 시간이 많으신 분들은 DDS 홈페이지에서 아래에 있는 매뉴얼을 다운 받으시든지 아니면 DDS에 가시면 매뉴얼이 있으므로 3, 4, 5장을 공부하시면 됩니다.

http://www.dds.ga.gov/docs/forms/FullDriversManual.pdf 를 참조하시면 됩니다.

애틀랜타에서는 한인들이 많으므로 미리 말씀하시면 driving law & regulation은 한국어로 된 시험 문제를 제공해 주기도 합니다. 하지만 Street sign은 컴퓨터에서 영어로 보게 됩니다.

Written test를 우수한 성적(각각 15개 이상 맞으면)으로 통과하면 driving test를 보기 위해 또 앉아서 기다립니다. 참고로 예약을 하지 않고 오실 때는 가급적 한 주의 중간(화, 수, 목)에 아침 일찍 오시는 것이 오래 기다리지 않을 겁니다.

| Driving test |

실기시험은 주차시험, 간단한 주행시험, 도로 주행시험의 3단계가 있

습니다. 주차 시험을 봐야 하기 때문에 작은 차를 가지고 시험을 보러 가는 것이 유리합니다.

   먼저 간단한 주행 test와 주차 시험을 보는 장소로 이동합니다. 주행 테스트는 두 가지를 중요하게 봅니다. 첫 번째는 emergency stop인데 조금 빨리 달리다가 시험관이 "stop!"하면 멈추는 것입니다. 두 번째는 반대로 천천히 후진을 하다가 다시 시험관이 '멈추라' 할 때 멈추면 됩니다. 후진을 할 때는 거울을 보지 마시고 반드시 고개를 뒤로 돌려서 눈으로 뒤를 확인해야 합니다. 어떤 경우는 창문을 열고 내다보라고 하는 시험관도 있습니다.

   여기까지 마치면 주차 시험을 봅니다. 주차 시험은 평행 주차와 T자 주차를 봅니다. 한국에서 운전을 하신 분들은 어렵지 않게 통과합니다. 도로주행시험은 다른 주와 비슷하게 진행됩니다.

   ('조지아 주에서 운전면허 따기' 편을 작성하는데 도움을 주신 유지형 선생님께 감사 드립니다.)

America Story

★★★ 미국은행에서 할 일

★ 은행 정하기 ★

거금을 들고 미국에 입성을 하기 때문에 은행계좌를 만드는 일은 상당히 중요합니다. 언어의 장벽이 높은지라 한국계 은행에 계좌를 만드는 분도 계십니다. 저는 미국 B은행에서 은행계좌를 만들었습니다. 물론 영어를 잘해서는 아닙니다. 미국 B은행은 은행의 지점이 여러 군데에 있고, 현금인출기(ATM)가 여기저기에 있어서 입금이나 출금이 자유롭다는 점 때문에 선택을 택하였습니다. 또한 해외 송금시에도 수수료가 저렴하다는 장점이 있었습니다. 이처럼 어느 은행에서 계좌를 개설할 것인지는 집이나 연수기관근처에서 지점까지의 거리, 현금인출기까지의 거리가 기준이 될 것 같습니다. 타은행의 현금인출기에서 현금을 인출하면 수수료를 지불해야 하기 때문입니다. 또한 도산의 위험이 없는 은행을 선택하는 것도 중요합니다. 미국 내 은행을 선택하는 경우에도 가급적 지역적인 은행보다는 전국적인 은행을 택하는 것이 좋을 것 같습니다. 여행을 가시는 경우, 여행지에서도 수수료 없이 현금을 인출하실 수 있기 때문입니다. 미국 내 대표적인 은행은 Bank of America, CHASE,

WELLS FARGO 등이 있습니다. 계좌 개설 시에 영어소통에 어려움이 예상되는 분은 각 도시의 한인타운에 있는 은행에 가시면 한국인 직원이 근무하는 곳이 많으므로 이분들의 도움을 받으실 수 있습니다.

★ 은행 방문 ★

적당한 은행을 정하셨다면 그곳을 방문합니다. 은행 안에 들어가면, 한쪽으로는 우리나라와 비슷한 창구가 있고, 다른 한편으로는 책상이 몇 개 놓여 있을 것입니다(이곳에서는 private manager가 업무를 담당합니다). 창구업무는 돈을 찾거나, 맡기는 입출금을 담당하는 곳이라고 생각하시면 됩니다. 계좌를 만들 때는 이 창구에서 하는 것이 아니라 private manager와 상담을 하게 됩니다. Private manager와의 상담은 은행에 도착한 순서대로 순번이 정해지므로 은행에 도착하면 대기자 명단(waiting list)에 이름을 올리십시오. 순서가 되면 private manager가 이름을 불러줄 것입니다. 참고로 은행에서의 단순 업무는 크게 기다리지 않아도 되지만, 계좌를 개설하거나, 신용카드에 문제가 생겨서 상담이 필요한 경우에는 private manager와 상담을 하는데, 이때 대기시간이 상당히 깁니다, 대략 1시간 정도. 따라서 은행업무가 시작될 무렵 가는 것도 한 가지 tip입니다. 이때 준비해야 하는 서류는 일체의 서류, 즉 I-94가 첨부된 여권, DS-2019, ID등입니다.

은행계좌는 우리나라와 마찬가지로 여러 가지가 있습니다. 그 중에서 무엇을 선택할 것인가 하는 것은 수표 발급여부, debit 카드 발행여부, 이율, 최소예치금한도, 수수료에 따라 결정될 것입니다. 가장 많이 개설하는 계좌로 Checking account(수표 계좌)와 Saving account(저축 계좌)가 있습니다. 그렇다고 통장을 따로 주지는 않습니다. 대신 한 달에 한 번씩 우편으로 내역서가 발송됩니다. Checking account는 우리나라의 경우로 해석을 하자면 수시입출금통장이 될 것 같습니다. 이 계좌에서 미국 사람들이 자주 쓰는 수표(Check)를 발행할 수 있습니다. 수시입출금이므로 당연히 이자는 낮습니다. 본인이 발행한 수표와 데빗카드는 모두 Checking account에서 결제가 되므로 반드시 만들어야 합니다.

Saving account는 한국말로 번역을 하자면 저축성예금계좌가 되는데, Checking account보다 이자율이 조금 높은 계좌입니다. 이자가 높다는 것을 달리 해석해 보면 적금식의 의미가 포함되어 있음을 알 수 있습니다. 좀 더 쉽게 해석하면, 이 계좌로의 입금은 몇 번이고 할 수 있지만, 출금은 한 달에 6회까지로 제한이 되어있다는 것입니다(횟수는 은행에 따라 조금씩 다를 수 있습니다).

그러므로 연수를 온 사람들 대부분은 생활비 입출금 목적으로는 Checking account만 만들면 됩니다. 만약 미국에서 목돈이 있어 장기간 유치해야 하는 경우에 한하여 Saving account에 돈을 넣어 놓고 한 달에 3~4번에 걸쳐 checking account 로 이체해서 쓰는 것이 좋은 방법일 것 같습니다. 한 가지 주의할 점은 미국 은행계좌는 최저 얼마 정도의 잔고(minimum balance)가 유지되어야 합니다. Minimum balance 이하

은행
미국의 건물은 외관이나, 간판이 화려하지 않은 것 같습니다. 따라서 찾는 목적지를 눈앞에 두고도 못 찾는 경우가 종종 생깁니다. 위에 보이는 것은 은행 간판입니다.

로 잔고가 내려가면 계좌유지비를 지불해야 합니다. 은행계좌를 개설할 때 이점에 대해서 설명을 해주니 잘 이해하시고 조심하시기 바랍니다. 은행에서 계좌를 개설한 후 한국의 직불카드와 비슷한 데빗카드(debit card)를 만들고 인터넷뱅킹을 신청합니다. 미국 인터넷뱅킹은 한국보다는 기능은 적지만 집에서 통장 잔고를 확인하거나 입출금 내역을 알아볼 때 매우 유용합니다.

★ 한국에서 미국으로 송금하기 ★

해외은행으로 송금을 하실 때에는 국내송금과는 달리 몇 가지 필요한 정보가 더 있습니다. 은행이름, 계좌번호, 이름, 주소, 전화번호 등등의 기본정보 외에 은행의 주소, 은행의 코드(Routing number)가 필요합니다. 미국의 경우에는 이 코드가 9자리입니다. 이 번호를 알아야 해외에서 송금되는 돈(한국에서 미국으로)을 받을 수 있습니다. 물론 이번호는 미국에서 은행계좌개설시 알려줍니다.

참, 국내에서도 타은행 송금시 수수료가 있습니다. 해외은행송금의 경우에는 당연히 수수료가 붙겠지요? 제 경우에는 국내 K은행 ● 국제송금센터 ● 미국 B은행으로의 입금이 되는 경로를 택하였습니다. K은행에서 외환송금에 대한 전신료 5000원을 지불해야 하고, 위의 3단계를 거치면서 18달러를 지불하였습니다. 만약 미국 내 한국은행을 이용하는 경우에는 미국 내 은행을 경유하여 미국 내 한국은행으로 송금이 되는 단계가 하나 더 추가되기 때문에 비용이 추가되는 것으로 알고 있습니다. 이점에 유의하시어 미국에서 은행계좌를 개설하시기 바랍니다.

★ 이체 시간 ★

미국에 있으면서 국내 K은행으로 이체된 급여를 인터넷으로 미국은행으로 송금할 때 불안합니다. 자칫 잘못되면, 가족의 한 달 생활비가 날아가는 것인데 하는 불안감이 생깁니다. 과연 송금이 제대로 될까? 송금이 제대로 되지 않는다면, 미국에서는 한국과 달리 돈을 꾸어줄 사람도 별로 없습니다. 그렇다면 언제 송금을 하는 것이 좋을까요? 한국은행의 해외송금이 가능한 시간이면서(K은행의 경우 03:00~23:00) 동시에 미국은행이 영업을 하는 시간(은행창구 업무를 하는 시간)인 경우에 인터넷으로 송금을 하면 실시간으로 송금된 것을 확인할 수가 있습니다. 그러나 업무 시간이 겹치지 않을 때 송금을 하면 혹시 내 돈이 중간에 날아간 것은 아닌가 하는 불안감을 떨치기 어렵습니다(이것은 경험담입니다). 따라서 가급적 이 시간대에 송금을 하는 것이 좋습니다.

★ 수표와 카드 받기 ★

은행계좌를 개설하고 나면 바로 임시로 사용할 수 있는 데빗카드를 받습니다. 그리고 약 1~2주 뒤에 집으로 수표(Check)와 원래의 데빗카드가 배달됩니다. 이때 받은 데빗카드는 ATM기기에서 한 번 사용(현금 인출 또는 잔고 확인)하시면 바로 사용하실 수 있습니다. 은행관계자의 말로는 별 문제 없이 배달된다고 하지만, 문제가 발생하는 경우가 있습니다. 따라서 은행계좌를 개설하고 2주가 지난 다음에도 수표(Check), 데빗카드(debit card)가 배달되지 않으면, 개설 은행에 한번 확인을 하셔야 합니다.

★ 수표(Check) 쓰는 법 ★

은행에서 발부해주는 가계수표의 형식은 대략 다음과 같습니다.

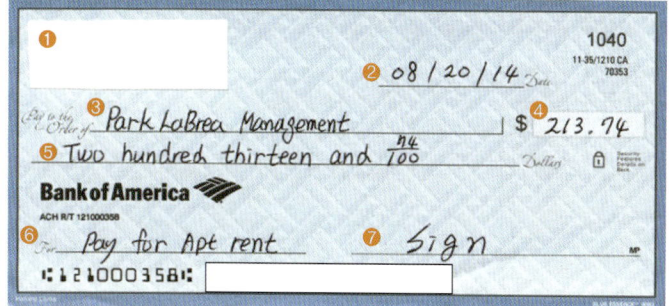

수표

처음에는 수표(check)를 사용하는 것이 익숙하지 않지만, 곧 자주 사용하게 될 것입니다. 사용법을 미리 익혀두는 것이 좋습니다.

❶ 소지자의 이름과 주소 : 계좌개설 시 알려준 대로 인쇄되어 나옵니다.

❷ Date : 수표를 발행하는 날짜를 쓰시면 됩니다. 우리나라와 달리 월/일/년의 순으로 적으시면 됩니다. 만일 2014년 8월 20일이라면 08/20/14라고 적으시면 됩니다.

❸ Pay to the Order of : 수표를 받을 사람 혹은 기관의 이름을 적으시면 됩니다. 요금고지서에 보면 'payable to'에 어떻게 적어야 하는지 안내되어 있습니다.

❹ $: 수표로 발행하는 금액을 숫자로 쓰시면 됩니다.

❺ dollars : 발행 금액을 영어로 풀어서 spelling으로 쓰시면 됩니다. 센트는 백분율로 표시합니다. (OO/100)
예) 213.74(213달러 74센트) : Two hundred thirteen and 74/100

❻ For : 이 수표를 왜 발행했는지 본인이 기억하기 쉽게 메모하시면 됩니다.
예) pay for APT rent, School books, English teaching fee 등등

❼ 은행에 등록된 본인의 사인을 하시면 됩니다.

수표(Check)는 많은 용도로 사용됩니다. 대여비 지급, 전기세 지급, 벌금, 아이들 학교 기부금, 아이들 교재 구입비, 학교 방과후 수업비 등 물건을 사는 경우가 아닌 상황에서 비용을 지불해야 하는 경우에 수표는 많이 사용됩니다. 수표는 한 번에 60매가 발행됩니다. 받은 수표를 모두 사용하였다면 은행계좌를 만들어주었던 직원에게 약간의 수수료를 내고 수표를 신청하십시오. 수일 후 수표가 집으로 배송됩니다.

★ 은행업무와 관련하여 알아두면 무척 도움이 되는 몇 가지 ★

1 여행자수표는 입금을 하면 조회 기간이 있기 때문에 약 4~5일 간은 출금이 불가능합니다. 이점을 유의하면서 수표를 쓰시기 바랍니다. 여행자수표를 입금하였으니, 내 통장에 얼마가 있을 것이고 이 액수를 생각하고 수표를 써주었는데, 수표 받은 사람이 돈을 찾으러 갔을 때 아직 조회 기간이 지나지 않아 은행에서 출금을 해주지 않는 경우도 있을 수 있습니다. 아울러 이 시기에 돈을 많이 가지고 있다는 것이 도적의 표적이 될 수 있습니다. 가급적 꼭 필요한 돈 이외에는 은행에 입금을 해 놓는 것도 좋습니다.

2 ATM기는 가급적 본인이 거래하는 은행의 기기를 이용하십시오. 타은행의 기기를 이용하는 경우 수수료가 붙습니다. 또한 얼마 전 뉴욕에서 모은행의 ATM 기기에 몰래카메라가 설치되면서 비밀번호가 유출되는 사고가 있었다고 합니다. 따라서 ATM기기에서 인출을 하실 때에는 카드 넣는 입구부분을 한번 당겨보시기 바랍니다. 이 부분이 앞으로 당겨지면 몰래카메라가 그 부분에 설치되어 있을 가능성이 있으니 그 기계는 사용하지 않는 것이 좋습니다. B은행의 경우 ATM기기에서 한 번에 현금인출은 200달러까지 가능하며 연속으로 2회까지 인출할 수 있습니다. 다른 은행도 마찬가지일 것입니다. 만약

ATM 기계
우리나라와 비슷하게 직접 은행에 가는 것보다 현금인출기(ATM)를 사용하는 것이 편리합니다. 따라서 ATM이 여러군데 있는 은행을 선택하는 것이 편리합니다.

3회 연속으로 인출을 시도한다면 불법사용이 의심된다며 데빗카드 사용이 일시 정지됩니다. 이런 경우 안내 받은 고객센터로 전화하여 ARS 안내에 따라 본인이 사용했음을 확인받아야 다시 데빗카드를 사용할 수 있으니 연속으로 2회까지만 사용한다는 사실을 기억해두시기 바랍니다. 400달러 이상이 필요한 경우에는 은행 창구에서 데빗카드를 이용하여 직원에게서 현금인출을 요청하면 됩니다.

3 미국 내에서 크레딧, 소위 신용이 쌓이기 위해서는 SSN이 있어야 하고, 따라서 대부분의 연수자는 크레딧이 없기 때문에 신용카드를 만들지 못합니다. 따라서 처음에 은행에서 만들어주는 카드는 우리가 한국에서 쓰던 신용카드가 아니라 데빗카드입니다. 데빗카드는 우리나라의 직불카드와 같기 때문에 큰 불편 없이 사용할 수 있습니다. 단지, 신용카드와 달리 데빗카드로 결제를 한 경우 카드 사용당일이나, 늦어도 그 다음날에 본인의 계좌에서 그 액수만큼 결제가 됩니다. 본인의 Checking account에 돈이 없어도 데빗카드로 결제는 할 수 있습니다. 그

ATM 기계 사용법

① 카드를 넣는다

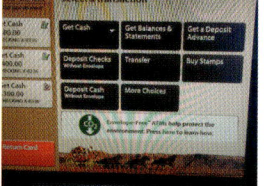
② 필요한 업무를 누른다

③ 확인(enter)을 누른다

④ 돈을 받는다

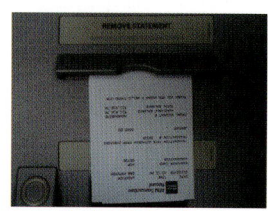
⑤ 영수증을 받는다

러나 Checking account에 돈이 없으면(마이너스가 되면), 벌금(?)에 해당하는 돈(이것을 overdraft fee라고 합니다)을 카드 긁은 횟수만큼 은행에서 청구하기 때문에 통장에 돈이 얼마나 남았는지 확인하면서 사용해야 합니다. 그렇지 않으면 벌금을 굉장히 많이 낼 수 있습니다. 벌금은 대략 10달러에서 20달러입니다. B은행의 경우, 많은 외국학생들이 이 제도를 잘 몰라서 complaints를 하기 때문에 처음 한건에 대해서는 환불을 해준다고 하는데, 저도 역시 환불을 한번(?) 받았습니다. 두 번째부터는 안 된다는 경고도 물론 함께 받았습니다. 매일 아침 인터넷뱅킹으로 내 Checking account에 돈이 얼마 남아있나 확인하는 것도 벌금을 내지 않으려는 한 가지 노력이라고 볼 수 있습니다. 그런데, 데빗카드로 결제할 경우 우리나라와 달리 상점에서 ID를 보여 달라고 하는 경우가 많습니다. 여기서 ID라 하면 사진이 나와 있는 신분증으로 미국운전면허증이나 여권을 말합니다. 이럴 때 일일이 ID를 꺼내는 것도 불편하고, 나를 의심하는 것은 아닌지 해서 기분이 나쁘기도 합니다. 이런 것을 미리 대비하기 위해 데빗카드를 만드실 때 사진을 같이 넣어서 만들면 좋습니다. 그러면 ID보여 달라는 얘기를 하지 않습니다.

4 데빗카드를 아웃렛이나 백화점 같은 곳에서 연속적으로 사용하거나 거주 지역이 아닌 타 지역에서 연속적으로 사용하는 경우 불법사용이 의심된다며 카드 사용이 일시 정지되는 경우가 있습니다. 이런 경우 당황하지 마시고 조금 기다리면 휴대폰 문자로 카드사용 여부를 확인하는 문자가 올 겁니다. 문자로 본인의 카드 사용을 확인해주면 바로 카드를 사용할 수 있습니다. 문자가 오지 않는 경우 고객센터로 전화하여 ARS로 카드 사용을 확인해주면 됩니다.

5 은행에 잔고가 일정액 이상으로 잘 유지하고, 데빗카드로 연체 없이 수개월 사용하였다면 은행에 따라 은행계좌를 만든 지 수개월 뒤에 신용카드를 만들어 줄 수 있다는 제안을 받을 것입니다. 연수 기간이 1년 미만인 분들은 얼마 남지 않은 기간에 번거롭게 신용카드를 새로 만들 필요까지는 없겠지만 연수 기간이 2년 정도인 분들은 신용카드를 만들어 사용하시는 것이 여러 면에서 좋을 수 있습니다.

6 미국에서 마트나 백화점, 유명 의류매장 등에서 멤버십(membership) 카드를 만들면 추가 할인이 있다며 카드를 만들기를 자주 권유 받습니다. 이중 Ralph's 같은 일반 마트는 회원가입이 간단하고 회원카드를 가지고 있으면 물건을 살 때마다 할인 혜택이 있어 유용하니 꼭 가입하시기 바랍니다. 그러나 MACY's 같은 백화점이나 GAP 같은 의류매장에서 멤버십카드를 만들 때에는 절차가 까다롭습니다. 일단 SSN이 있어야 하고 연봉, 거주지 형태, 주거가 rent이면 rent 비까지 모두 입력을 해야 합니다. 가입신청을 했다고 바로 회원이 되는 것도 아니라 신용도를 조사해서 기준에 맞은 경우에만 회원가입이 승인됩니다. 보통 연수자들은 미국 내에 신용이 없기 때문에 이런 곳에서 멤버십카드 발급은 되지 않습니다. 6개월 이상 미국 내에서 안정적인 금융 거래 실적으로 신용이 쌓여서 은행에서 신용카드를 발급 받아 사용하고 있는 경우에나 멤버십카드 발급이 가능할 것입니다. 매장에 따라 가입신청 시 모든 사항을 입력한 뒤에도 현장에서 거절되는 경우가 있고 어떤 곳은 한 달 뒤에 집으로 가입이 거절됐다는 친절한(?) 우편물을 보내기도 합니다. 따라서 백화점이나 유명 의류매장에서 멤버십카드 만들기를 권유 받는다면 가볍게 거절하시기 바랍니다.

7 미국 생활을 하다 보면 진료비 보험료를 돌려받을 때처럼 수표를 받을 때가 종종 있습니다. 이때에는 수표를 발행한 은행으로 꼭 가실 필요는 없으며 본인의 통장을 개설한 은행에 가서 수표 뒷면에 사인을 한 후 입금(deposit)하면 됩니다.

8 미국 내에서 송금하기는 한국과 다릅니다. 우선 집에서 인터넷뱅킹으로 송금하는 것은 불가능합니다. 은행에 직접 가서 해야 하는데, 같은 은행끼리는 수수료가 없지만 다른 은행으로 송금할 때에는 약 20달러 정도의 비싼 수수료를 내야 합니다. 그러므로 본인의 주거래 은행에서 현금을 찾은 다음, 송금할 은행으로 직접 가서 송금하시는 것이 비용이 적게 드는 방법입니다. 한국에서는 송금을 하면 송금한 사람의 이름이 상대방 계좌에 남지만 미국에는 이런 제도가 없습니다. 입금(deposit)만 가능하기 때문에 다른 사람의 계좌로 입금하였다면 바로 전화나 이메일로 연락하여 본인이 입금한 사실을 확인시켜 줄 필요가 있습니다.

9 한국에서 가져간 신용카드를 사용하실 수도 있습니다. 그러나 나중에 사용내역서를 보면 일정액의 수수료가 매번 청구될 것입니다. 따라서 한국에서 가져간 신용카드는 데빗카드가 일시 정지되어 사용할 수 없을 때를 제외하고는 사용하지 않는 것이 좋습니다.

10 은행 얘기를 하니, 한가지 신기한 점이 또 있었습니다. 우리나라는 주5일제라 은행도 토요일에는 노는데, 주5일제의 선진국인 미국에서는 은행이 토요일에도 근무를 하고 있었습니다.

11 물건을 산 뒤에 카드로 결제를 할 때 두 가지 질문을 받을 수 있습

니다. "Debit or credit?" 이건 카드의 종류를 묻는 것입니다. 카드의 종류에 따라 답변을 하시면 됩니다. 그 다음 질문은 "cash back?"입니다. 이건 물건을 샀으니, 본인에게 돈을 공짜로 주는 것은 아니고, 우리 마트에서 물건을 샀으니, 일정금액을 네 통장에서 우리가 대신 찾아주겠다는 질문입니다. 따라서 이 때 "Yes"라고 답변을 하시면 그 액수를

데빗카드
우리나라의 직불카드에 해당됩니다. 상점에서 카드로 결제를 하면 신분증을 보여달라고 합니다. 그런데, 자신을 사진을 카드에 넣어놓으면, 신분증을 보여달라고 하지 않아 편리합니다. 따라서 카드를 만드실 때 가능하면 사진을 넣어서 만들어달라고 하십시오.

물어볼 것입니다. 만약 20달러라고 하시면 계산대 직원은 카드 소지자에게 20달러의 현금을 주고, 영수증에는 그날 산 물건의 액수에 20달러가 더해진 액수가 청구됩니다. 무료로 돈을 주는 것이 아니므로 필요한 경우가 아니면 cash back을 하실 필요는 없습니다. 또 본인의 통장에 돈이 얼마 남아 있는지도 생각하시면서 cash back을 하셔야 합니다. 통장 잔고가 마이너스이면 overdraft fee를 내시게 되니까요.

America Story

★★★ 전기와 가스 연결하기
★★★

　아파트에는 전기와 가스가 이미 연결이 되어있을 것입니다. 단지 입주자가 할 일은 본인의 이름으로 계좌를 개설하는 것입니다. 이 과정은 어렵지 않습니다. 아파트 leasing office에서 알려준 회사(저의 경우 SDG&E)의 가장 가까운 지점으로 가서 계좌를 만들면 됩니다. 이때 사진이 든 ID가 2개 필요합니다. 저는 여권과 한국에서 가져간 운전면허증, 그리고 가운전면허증(여기에는 주소가 적혀있지요)을 제시하여 SDG&E의 계좌번호를 받았습니다. 약 일주일이 지나면 SDG&E에서 '새 계좌가 개설되었으니, 보증금(deposit)으로 99불을 내라' 는 고지서가 우편으로 배달됩니다. 이 편지를 받고 저는 정말로 반가웠습니다. 돈 내라는 고지서가 왜 반갑냐고요? 아이들을 공립학교에 보내려면, 거주지를 증명하는 서류가 있어야 합니다. 거주지를 증명하는 서류로 전기세나 수도세 영수증이 필요합니다. 그러나 아직 계좌를 개설하는 수준의 연수자에게 영수증이 있을 리 만무합니다. 이때 계좌가 개설되었으니, deposit을 내라는 고지서는 하늘에서 내려온 천사와 같은 수준의 종이입니다. 아주 유용하게 사용됩니다. 버리지 말고 소중하게 보관하십시오.

참고로, 아파트 계약서면 충분한 거주증명서가 되지 않을까 생각하실 수 있습니다. 몇 년 전까지는 그랬던 것 같습니다. 그러나 어떤 학부모께서 아이의 거주지를 속여(가짜 아파트 계약서를 내셨나봅니다) 학군이 좋다고 소문난 학교에 입학을 시켰고, 그것이 들통 난 이후로는 거주지 증명서류가 좀 더 공신력 있는 전기세나, 수도세 영수증이 되었다고 합니다. 어쨌거나, 아이들 학교입학과정에서 두 번 걸음을 안 하려면, 이 고지서는 꼭 보관을 하십시오.

America Story

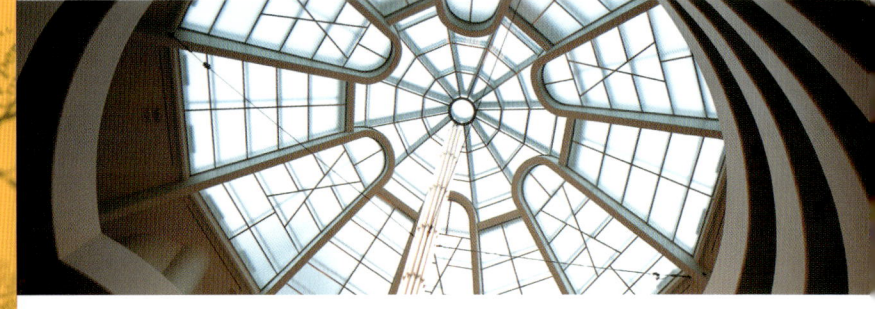

★★★ 인터넷, TV 연결하기

　미국 땅에 첫발을 내디디면, 마음이 설렐지도 모릅니다. 그러나 곧 답답함이 밀려옵니다. 영어가 안 되니까요. 그 다음에 부딪히는 장애가 움직임이 자유롭지 못한 것입니다. 자동차를 구입함으로써 움직임이 자유로워지더라도 곧이어, 원시생활을 하는 것이 아닌가 하는 생각이 들게 되는데, 이는 인터넷이 없기 때문일 것입니다. 한국에서 노트북을 가지고 가더라도 인터넷회사에서 연결을 해주지 않으면 아직은 먹통인 인터넷 서핑…….

　★ 회사 선택하기 ★
　저는 연수 선배님들의 경험담을 토대로 우편으로 배달되는 모뎀으로 인터넷을 연결하는 회사를 선택하는 것은 모험이라는 결론을 내리게 되었습니다. 따라서 직원이 직접 방문하여 인터넷을 연결해 주는 회사를 선택하였습니다. 그리하여 케이블TV와 인터넷을 같이 취급하는 T회사를 통해 케이블TV와 인터넷을 설치하였습니다. 우선은 T회사에 전화를 걸어 주소를 알려주면서, 케이블TV와 인터넷연결을 요청하였습니다. 회사에서는 시간 약속을 해주었고, 그 시간에 기사가 방문을 하였습니다. 기사 분은 아주 친절하게 케이블TV를 설치해 주고, 직접 화면 설명과 함께 채널에 대해서도 알려주었습니다. 또한 한국에서 가져간 노트북에 모뎀을 연결하여 인터넷이 직접 연결되는 것을 확인시켜주었고, 공유기를 통해서 연결할 수 있는 방법도 알려주었습니다. 팁 문화에 익숙하지 않아서 서비스비에 대해 질문을 하니, 출장비가 더 추가되지는 않는다고 하였습니다. 이렇게 인터넷과 케이블 TV가 연결되기까지는 3일이 걸렸습니다. 목요일 오후에 미국에 도착하였는데, 토요일 오전에 기사가 방문을 하여 설치를 해주었으니, 시간으로 따지면 40시간이 조금 넘는 시간이었습니다. 그렇지만 그 시간 동안 얼마나 답답하던지, 인터넷이 연결되고 나니 마치 원시림에 살다가 문명세계와 통한 느낌이었습니다.

★ 케이블TV 상품 ★

인터넷의 속도는 고속이냐, 보통이냐의 두 종류 옵션뿐이지만, 케이블 TV의 경우에는 아주 다양한 상품이 있습니다. 물론 미국에서 영어공부를 마스터하겠다는 굳은 마음으로 수백 개의 채널을 신청하는 것도 좋겠지만, 가급적이면, 기본상품(basic)이나, 기본상품에 아이들의 만화가 추가된 정도의 상품(standard)을 권하고 싶습니다. 왜냐하면 아이들의 영어실력은 만화가 많이 도와준다고 하는데, 기본채널로는 조금 부족한 면이 있고, 또 너무 채널이 많으면, 채널 돌리다 시간이 다 갈수도 있고, 비용도 부담이 됩니다.

★ 인터넷이 연결되기 전까지 인터넷을 이용하는 방법 ★

우리나라의 경우에는 직장이나, 집이 아니더라도 곳곳에 PC방이 있어 인터넷을 사용하고 싶으면 별 문제없이 사용할 수가 있으나, 미국에는

PC방이 그리 흔하지 않습니다. 따라서 집에 인터넷이 연결되기 전까지는 무척 답답합니다. 실제로 미국 도착 초기에는 인터넷을 통해서 얻어야 하는 정보가 너무 많습니다. 이럴 때 인터넷을 이용할 수 있는 방법을 알려드리겠습니다.

1 아파트의 비즈니스센터

연수자들은 대부분 아파트에 숙소를 정하게 됩니다. 대부분의 아파트는 입주자를 위한 부대시설을 갖추고 있습니다. 제가 살았던 아파트도 역시 몇 개의 부대시설이 있었는데, 그 중의 하나가 비즈니스센터였습니다. 이곳에는 2대의 컴퓨터와 프린터, 그리고 FAX, 회의용 탁자가 있습니다. 간단한 회의나 업무를 볼 수 있도록 만들어져 있는 것 같았습니다. 집에 인터넷이 연결되기 전까지는 이곳에서 짬짬이 인터넷을 통한 일을 할 수 있어서 아주 유용하게 사용을 하였습니다. 아마 다른 아파트도 비슷한 여건 일 것이라고 생각됩니다. 따라서 아파트의 비즈니스센터를 이용하는 것이 한 가지 방법입니다.

2 공공도서관

또 다른 방법은 공공도서관에 비치된 컴퓨터를 통해서 인터넷을 이용하는 것입니다. 공공도서관의 출입에는 아무런 제한이 없으므로 위치만 알면 쉽게 찾아가실 수가 있습니다. 이용료는 무료이며, 시간에 약간의 제한이 있을 수 있으나, 적절한 시간대를 이용하시면 큰 어려움은 없을 것으로 생각됩니다.

★★★★★ 자동차 구매하기
   ★★★★★

모든 쇼핑이 마찬가지이겠지만, 자동차를 사러 나갈 때에는 반드시 식사를 하셔서 배를 든든히 하고, 편안한 신발을 신고, 아이들은 가급적 동반하지 않는 것이 좋습니다. 또한 다른 약속은 잡지 않는 것이 좋습니다. 지루한 협상의 연속이 될 것이기 때문입니다.

자동차를 사기 전에 몇 가지 고민을 하게 됩니다. 제일 처음 직면하는 문제가 새 차를 살 것인지 중고차를 살 것인지 입니다. 우선 새 차를 산다면 귀국할 때 차를 되팔기 보다는 그 차를 가지고 귀국한다는 의미일 것입니다. 따라서 차를 선택하실 때 귀국시의 절차와 세금, 국내에서 고장이 났을 때 A/S가 어떻게 되는지 확인한 후에 결정하시기 바랍니다. 새 차를 사면 초기에 비용이 부담되지만, 사후보증이나, 안전성 면에서 우수합니다. 자동차의 가격하락폭은 첫 1-2년 사이에 가장 많기 때문에 귀국시 팔아야 한다면, 단기체류자의 경우 새 차를 사는 것은 그리 좋은 선택은 아닌 것 같습니다. 따라서 미국에 약 1-2년 연수를 예정으로 한다면 3~5년 정도 경과된 차로, 약 5만마일 전후의 주행거리를 가진 중고차를 사서 타다가 다시 팔고 귀국하는 것이 가장 손해를 적게 보는 방법이 아닐까 생각합니다. 물론 저도 그런 선택을 했습니다.

★ 새 차 사기 ★

새 차를 사기로 결정을 하셨더라도 바로 딜러에게 가지 마십시오. 새 차의 경우 권장소비자 가격이 정해져 있기는 하지만, 인기 있는 모델인 경우에는 그 가격보다 조금 더 비싸게 살 수도 있고, 인기 없는 모델인 경우에는 조금 더 싸게 살 수도 있습니다. 따라서 우선 80년 전통의 신용을 자랑하는 Kelly blue book(www.kbb.com)에서 원하는 차량의 가격을 확인하십시오. 우리나라의 차량도 마찬가지이지만 차량의 옵션에 따라 가격이 많이 달라집니다. 따라서 이런 세세한 부분까지 같이 확인하여 차량의 가격을 확인하는 것이 좋습니다.

★ 중고차 사기 ★

| 어떤 차를 살 것인가? |

중고차를 사기로 결정을 하신 경우에는 이 차를 한국으로 가지고 오는 경우보다는 귀국시 다시 차를 되파시는 경우가 대부분일 것입니다. 따라서 차를 사는 시점에서의 가격도 중요하지만, 되팔 때의 가격도 중요합니다. 다시 말하면 차를 살 때와 팔 때의 가격차를 최소화할 수 있는 차량을 선택하는 것이 좋습니다. 이런 점을 고려해서 가장 선호되는 차가 일본차입니다. 도요타나 혼다와 같은 일제차는 다른 나라의 차보다 상대적으로 비싸지만, 잔고장이 적고 감가상각이 적은 것으로 알려져 있습니다. 따라서 연수 오신 분들 사이에서 선호되는 차량이 이 두 가지라고 볼

수 있습니다. 다시 말하면 이 두 가지 중에서 선택을 하면 다시 팔 때에도 크게 어려움은 없을 것입니다.

중고차를 살 때 가장 신경 쓰이는 점은 아마도 '차를 샀는데, 다음날 고장이 나면 어떻게 하나' 하는 문제입니다. 따라서 개인에게 사는 경우에는 반드시 가격을 협상하기 전에 정비소에서 수리에 대한 부분을 차주와 함께 알아보는 것이 좋습니다. 딜러에게 사는 경우에는 문서로 워런티(무상 수리)에 대한 부분을 받아두는 것이 좋습니다.

중고차를 사러 가기 전에도 반드시 www.kbb.com에서 원하는 차량의 가격(연식이나, 옵션 등을 대략 입력하시어)을 확인하시는 것이 좋습니다. 물론 개인이 판매하는 차량이나, 딜러가 판매하는 차량이나, 모두 www.kbb.com에 차량의 상태가 excellent, good, fair에 따라 얼마인지 가격을 적어놓기는 하지만, 적어놓은 가격이 맞는지 아닌지를 매장에서는 확인할 수 없을 수도 있기 때문입니다.

excellent : 사고가 전혀 없고, 차량의 상태가 아주 양호하다는 것임
good : 약간의 생활 스크래치가 있는 정도
fair : 사고가 있었다거나, 수리가 필요한 부분이 있는 경우

개인에게 살 것인가, 딜러에게 살 것인가? 중고차를 살 때는 개인에게 직접 살 수도 있고, dealer를 통해서 사는 방법도 있습니다.

| 개인에게 살 때 |

딜러에게 사는 것보다는 1,000~2,000달러 정도 싸게 살 수 있는 장점이 있습니다. 그러나 차량등록과 같은 서류작업을 직접 해야 하는 번거로움이 있고, 차량구입 후 차량에 문제가 생겼을 때 워런티가 없다는 것

입니다. 조금 싸게 사는 대신에 이런 문제를 최소화하기 위해서는 몇 가지의 절차를 밟는 것이 좋습니다. 우선 sale로 나온 차량을 확인하고, 조건이 마음에 들면, 차주에게 연락을 하여 만나게 됩니다.

눈으로 차를 봅니다
차량의 내부와 외관을 꼼꼼히 확인합니다.

직접 운전해봅니다
내부와 외관을 확인하고 나서 차량이 마음에 들면, 차주에게 양해를 구한 다음 차주 동승 하에 직접 차를 한번 운전해보십시오. 고속도로가 근처에 있다면 고속도로주행을 해보는 것도 좋습니다.

정비소를 방문합니다
주행을 한 후 차량의 상태가 맘에 드신다면, 차량 주인에게 양해를 구하고, 직접 정비소(이때는 한국인이 운영하는 정비소라야 원활한 대화가 될 것입니다)에 차주와 함께 가서 차의 상태를 확인하고 수리여부 등을 확인합니다.

가격을 조율합니다
차주가 제시한 가격이 있을 것입니다. 차주와 함께 정비소를 방문하여 수리에 대한 견적을 받아본 결과 얼마의 수리비가 나오게 될 것이고, 차주인이 제시한 가격에 수리비를 감안하여 최종가격을 결정하게 됩니다. 만약 차주가 수리를 완료한 후에 판다고 할 수도 있으나, 통상 수리비의 일정부분을 깎아 주는 것으로 되어있습니다. 조금 번거로울 수도 있고, 조금은 치사하게 느껴질 수도 있지만, 이렇게 하는 것이 차를 사는 사람이나, 파는 사람에게 모두 공정한 방법인 것 같습니다.

이전(移轉)에 필요한 서류와 대금을 교환합니다

흥정이 이루어지면, 이전에 필요한 서류들을 대금지불과 동시에 받는 것이 좋습니다. 종종 대금은 지불을 하였는데, 이전에 필요한 서류를 제대로 전달받지 못해 고생하는 경우도 있습니다. 반드시 맞교환하십시오. 이전에 필요한 서류라 함은 핑크슬립과 차량등록증, 그리고, smog check certificate, car history를 나타내는 서류입니다.

| 딜러에게 살 때 |

마음속으로 차종과 옵션이 결정되었다 하더라도 첫 번째 매장에서 산다고 생각하지는 마십시오. 적어도 2-3군데의 매장을 방문하여 여러 가지 조건들을 비교해 보실 필요가 있습니다. 처음 매장을 방문하면, 딜러가 반갑게 맞아줄 것입니다. 처음 딜을 하는 가격은 통상 붙어있는 가격에서 2,000달러 정도 깎은 가격부터 시작합니다. 매장에서는 깎는 것을 감안하여 가격표를 붙여놓기 때문이지요. 흥정에 들어가기 전에 차량의 사고여부나, 운행거리 등을 확인할 수 있는 car history 등의 서류를 반드시 확인해야 합니다. 서로의 조건을 얘기하면서 어느 정도 조율이 되면, 마음속으로 '이제 원하는 가격에 차를 사는구나' 하고 안심을 하게 됩니다. 그러나 곧이어 딜러가 매니저를 데리고 나올 것입니다. 그럼, 이 매니저와 다시 가격을 협상해야합니다. 이를 통해 알 수 있는 것은 통상적으로 딜러는 가격을 결정할 권한이 없다는 것입니다. 따라서 처음부터 너무 진을 빼지 말라는 것입니다. 그리고 딜러에 비해 매니저와의 가격 협상이 좀 더 어렵다고 합니다. 따라서 딜러와는 얘기가 잘 된 것 같은데, 매니저와 조금 어렵게 되는 듯 하고, 가격이 생각했던 것보다 비싸다고 판단이 되면, 매장을 나오셔도 됩니다. 만약 진짜 손해를 보는 가격이라면 매니저가 잡지 않을 것이고, 조금이라도 협상의 여지가 있다면 잡

을 것이기 때문에 다른 매장에 가셔서는 그 가격부터 다시 흥정을 시작하셔도 되니까요. 약간의 인내가 필요하기는 하지만, 이런 과정을 몇 번 거치면 약 1,000~2,000달러는 벌수도 있다고 합니다.

딜러에게 사는 경우에는 개인에게 사는 경우보다 비싼 반면, 차량은 어느 정도 정비가 되어있고 서류이전작업을 대행해 줍니다. 정비나 서류이전작업 등의 과정이 귀찮아서 돈을 조금 더 주더라고 딜러에게 사야지라고 결정하시는 경우도 있을 것입니다. 이런 경우 주의해야 할 것이 두 가지 있습니다.

첫째, 가능하면 믿을 만한 회사의 딜러에게 구입을 하십시오.

주마다 조금씩 다르긴 하지만, 딜러를 통한 서류이전기간은 30일에서 90일의 여유가 있습니다. 이래서 가급적이면 믿을만한 회사의 딜러를 선택하셔야 한다는 것입니다. 믿을 만한 회사라 함은 대형회사를 말하는 것이겠지요. 드물기는 하지만, 차량을 인도하는 과정에서 돈은 지불을 했고, 차량도 인도를 받았는데, 등록증(title이라고 함)을 받지 못하는 경우가 있습니다. 등록증이 올 시기가 이미 지났는데, 도착되지 않아 딜러에게 연락을 해 봅니다. 딜러가 title이 없는 차를 판 것이기 때문에 유령차를 산 것이 되는데 차량은 등록을 할 수 없고, 따라서 번호판도 받을 수 없습니다. 즉 차량등록이 되지 않는 차를 산 것이지요. 만약 이럴 때 딜러에게 연락이 안 되고, 회사도 유령회사여서 찾을 수 없는 상황이 벌어진다면, 자동차 값은 그냥 없어지는 것입니다. 아마도, 이는 딜러를 통한 서류이전유예기간이 비교적 길기 때문에 이 시기에 이중매매를 했기 때문인 것으로 추측이 됩니다. 드물게 일어나기는 하지만, 만약 내게 일어난다면 그 후의 미국생활이 그리 순탄하지는 않을 것입니다. 따라서 믿을 만한 회사의 딜러에게 구입하는 것이 중요합니다.

둘째, 워런티에 대한 부분은 문서로 받아놓습니다.

개인에게 사는 것보다 조금 더 비싼 돈을 주더라도 딜러에게 사는 또 한 가지의 이유는 차를 어느 정도 수리한 후에 판매했을 것이라는 전제가 포함된 것입니다. 따라서 차량에 문제가 생기면 얼마의 기간, 혹은 얼마의 마일동안은 보증을 해준다는 워런티가 되어있을 것이기 때문에 이를 문서로 반드시 받아놓아야 합니다.

★ 차종 ★

기름 값이 오르기 전에는 가족을 동반한 연수자에게 추천되는 차량은 밴이었습니다. 가족을 동반하여 연수를 가신 경우에는 가족여행을 떠날 가능성이 많고, 미국에서의 여행이라 하면, 보통 일주일정도의 장기여행이 되기 때문에 승용차보다는 밴이 훨씬 더 유용하기 때문입니다. 더군다나, 한국에서 친지가 방문을 하는 경우가 생기게 되면 큰 차를 렌트해야 할 수도 있으므로 밴이 추천되었었습니다. 그러나 기름 값이 갤런당 4불대로 상승하고 환율도 올라가면서 밴의 인기는 추락을 하였고, 승용차로, 승용차도 중형에서 소형으로 점차 인기도가 바뀌어가고 있는 중입니다. 사정이 이렇게 되고 보니, 밴이 필요한 경우에는 그때만 렌트를 하는 것도 크게 나쁘지는 않다고 합니다. 나중에 팔 때에도 밴보다는 승용차가 훨씬 수월하게 진행됩니다.

★ 자동차 보험 ★

미국에서는 운전자가 자동차보험에 들지 않고 운전하는 것은 불법입니다. 따라서 자동차를 구입하고 나면, 보험에 가입을 해야 자동차의 등록이 진행됩니다. 어떤 회사의 보험을 들어야 좋은지에 대한 답을 드리기는 어려울 것 같습니다. 대략 1년치 보험료가 1천불 정도라고 예상하면 될 것 같습니다. 그 이유는 연수자의 경우 미국 내에 credit이 없기 때문입니다. 다만, 한국에서 〈영문운전경력증명서〉, 〈영문무사고증명서〉, 〈운전면허증〉을 가지고 가시면 한국 내에서의 운전경력을 인정하여 할인을 받을 수 있습니다. 이에 대한 인정여부는 보험회사마다 조금씩 다를 수 있습니다. 또한 본인의 근무조건에 따라(full time 혹은 part time) 할인을 받을 수도 있으므로 이런 부분에 대해서도 미리 알아보고 서류를 준비해가는 것이 좋습니다. 보험담당자가 한국인인 경우에는 사고가 났을 때 본인의 상황에 대해 좀 더 자세히 설명할 수 있는 점이 유리하다고 합니다.

보험에 가입할 때 꼭 부탁드리고 싶은 것은 집에 대한 항목도 같이 포함을 시키시라는 것입니다. 집에 도둑이 들었거나, 화재가 났을 때 어떻게 할 것이냐에 대한 보험을 자동차보험에 추가로 들 수 있습니다. 추가비용은 100불 이내로 부담이 크지는 않지만, 그런 일이 생겼을 때 큰 도움을 받을 수 있습니다. 실제로 이런 일들이 번번이 발생하고 있으므로 이 항목은 꼭 포함을 시키시기 바랍니다.

자동차보험
자동차를 운전하려면 꼭 보험에 들어야 합니다. 가입 전 할인에 필요한 서류를 미리 준비하시고, 집에 대한 항목도 추가하는 것이 좋습니다.

★ **자동차 등록하기** ★

필요한 서류

자동차 등록증(title), 보험증서, 매도자에게 받은 핑크슬립, smog certification 용지.(보통 매도인이 준비해 줌)

딜러에게 구입하는 경우에는 이 과정이 생략되지만 개인에게 차량을 구입하면 차량등록을 직접 하셔야 합니다. 자동차를 등록하는 과정은 생각보다 간단합니다. 위의 서류를 가지고 DMV에 가시면 됩니다. 이때 등록세를 내게 되는데, 매매가격 대비 몇 %로 결정됩니다(보통 10% 미만입니다). 매매가격은 핑크슬립에 적게 되는데, 매도자와 잘(?) 상의하여 적는 것이 중요합니다. 만약 매도인이 한국에서 연수를 간 분이라면 충분히 가격을 절충하여 적을 수 있을 것입니다. 가끔 gift로 처리하여 20-30달러 정도의 등록세를 내는 경우도 있다고 들었습니다. 이렇게 해서 등록세까지 내시면, 새로운 핑크슬립, 즉 내가 소유주로 된 핑크슬립이 집으로 배달됩니다. 자동차를 팔 때는 이 핑크슬립의 매도자란에 사인을 하고, smog certification용지를 발부 받아서 파시면 됩니다. 자동차세는 1년에 한번 내게 되어있습니다.

★ 자동차 번호판에 얽힌 얘기 ★

미국 자동차 번호판은 보통(특별 주문 제작한 번호판을 제외한다면) 7자리입니다. 하지만, 그 얘기를 하려는 것은 아닙니다. 우리나라와 마찬가지로 미국도 자동차세를 해마다 한 번씩 내고 있습니다. 그런데, 이 자동차가 세금을 냈는지 안 냈는지 번호판을 보면 알 수 있습니다. 자동차 번호판 그림을 보면서 설명을 드리겠습니다. ABCD123이 이 자동차의 번호입니다. 그림,

자동차 번호판
일괄적으로 부여받는 번호 외에 자신이 특수하게 번호를 제작할 수 도 있습니다.

JUN과 2008은 무엇일까요? 이 차는 자동차세를 2008년 JUN 즉 6월까지 납부했다는 것입니다.

　다시 말하면, 2008년 6월이 자동차세의 만기란 얘기이고, 만기 전에 다시 자동차세를 내야 한다는 뜻입니다. 보통은 만기 2개월쯤 전에 자동차세를 내라고 고지서가 집으로 배달됩니다. 그러면, 그 액수를 설명서의 안내대로 납부하면 됩니다. 그러면, 새로운 번호판을 달아야 하는 것이 아니라, 약 1-2주 뒤에 2009라고 적힌 스티커가 담긴 우편물이 집으로 배달됩니다. 그러면 그 스티커를 2008이 있는 자리에 2008을 떼고 2009를 붙이면 됩니다. 그런데, 스티커 붙일 때의 주의 사항에 보면, 원래 붙어 있는 스티커를 다 떼어내고 붙이라고 되어있습니다. 물론 그렇게 하시는 게 좋습니다. 원래 번호판에 붙어있던 연도에 해당하는 스티커는 다 떼어내시고(보통 몇 장씩 붙어있지요) 새로 받으신 연도 스티커를 붙이십시오. 그리고 그 스티커 위에 칼로 X자를 몇 번 그어주세요. 왜냐고요? 미국도 최근 경제가 나빠서 좀도둑이 있습니다. 자동차세를 내기 싫어서 번호판에 붙어있는 연도스티커를 떼어가는 경우도 있답니다. 칼집을 내어놓지 않는 경우, 남의 번호판에 있는 스티커를 온전하게 떼어서 자기 차의 번호판에 붙이는 위인을 만나면, 스티커를 도난당하실 수도 있다고 하네요. 소 잃고 후회 말고 미리미리 칼집을 내어놓으면 1년이 편합니다. 그 김에 월에 해당하는 스티커에도 몇 번 칼집을 내어주세요. 만약 자동차세를 내고 새 스티커를 받아 번호판에 붙였는데, 그 스티커를 도난당했을 경우, 교통순경에게 자동차세를 안 냈다고 잡히면 스티커 도난당해서 화나고, 영어 안 되서 화나고, 벌금 내서 화나고, 이래저래 화납니다.

★ 자동차 정기 점검 ★

　한국에서는 고속도로에서 차가 고장 나도 크게 걱정이 되지는 않습니다. 그러나 미국에서는 사정이 그렇지가 않습니다. 언어장애라는 것이 그리도 큰 것인지, 따라서 정기적인 자동차 정비만이 최선이라 생각하고 3000마일마다 정비소를 들러 정기점검을 받으십시오. 미리미리 대비를 하는 게 제일입니다. 처음에는 교포가 운영하는 가게를 찾아가게 되지만, 점차 미국 내의 생활에 적응이 되면 좀 더 싼 곳을 찾아보실 수 있을 겁니다. 매일 집으로 날아오는 우편물 중에 할인쿠폰들이 다량으로 들어있는데, 그 중에 오일이나 타이어 교환, smog check 등을 저렴하게 해주는 곳이 있을 것입니다. 가격을 비교해보고, 저렴한 곳을 찾아서 서비스를 받아보는 것도 좋을 듯싶습니다.

자동차정비소
미국에서는 고속도로의 운전이 빈번하므로 만일을 대비한 정기 자동차 점검이 필요합니다.

★ 렌터카 이용하기 ★

적당한 차를 사기 전까지 친지의 신세를 지기가 어려운 경우에는 차량을 빌릴 수 있습니다. 렌터카 역시 큰 회사를 이용하는 것이 여러 가지 면에서 편리합니다. 큰 회사라면 지점이 여러 곳에 있을 것입니다. 우리나라와 마찬가지로 거주지와 가까운 곳에서 렌터카를 빌리더라도 반납은 같은 회사의 어느 지점에서나 가능하기 때문입니다. 물론 국제면허증만 있어도 차량의 대여는 가능하며, 보험은 가입을 하는 것이 좋습니다.

Enterprise 등이 큰 회사에 속하며, AVIS 등과 같이 우리나라에서 유명한 렌터카 회사들은 미국에서는 그리 커 보이지 않았습니다.

자동차 렌털
여러 개의 렌터카회사가 있으므로, 조건을 비교한 후 빌리는 것이 좋습니다. 자동차를 빌리는 것 외에 리스를 하는 방법도 있습니다.

★★★★★ 아이들 미국학교에 입학시키기

★ 입학 전 준비서류 ★

❶ 한국에서 준비해 온 것 : **영문예방접종증명서**

❷ 미국에서 준비할 것 : **거주지 증명서류**

전기와 가스 연결하기 편에서 설명 드렸던 것처럼, 아이들을 미국의 공립학교에 보내려면, 거주지를 증명하는 서류가 있어야 합니다. 거주지를 증명하는 서류의 조건으로는 주마다 조금씩 다르지만, 전기세나 수도세 등의 유틸리티 영수증입니다. 여기에 주소가 적혀있기 때문입니다. 따라서 이에 해당하는 서류를 반드시 가지고 가셔야만 합니다.

★ 학교 정하기 ★

학교는 거주지의 주소에 따라 정해집니다. 우리나라와 비슷하다고 보시면 됩니다. 따라서 거주지가 정해지면 자연스럽게 어느 학교를 가는지 정해지게 됩니다. 그렇기 때문에 우리나라처럼, 명문이라고 소문이 난 학교에 들어갈 수 있는 동네의 렌트비는 그 아파트의 시설과 상관없이 비싼 편입니다(늘 수요와 공급의 원칙에 의해 가격이 결정되니까요). 물론 이는 공립학교에 해당하는 것이고, 사립학교를 보내실 경우에는 거주지의 주소와는 상관이 없는 것 같습니다.

학교와 미리 연락하기

자녀의 입학예정인 학교에 전화를 걸어 입학을 위해 언제 학교에 가면 되는지 상의를 하십시오. 미국 사회는 예약문화가 발달되어 있습니다. 약속을 하지 않고 방문을 하는 경우 헛걸음을 하기 쉽습니다. 또한 입학에 필요한 서류를 작성할 때 전화번호도 반드시 기입을 해야 하기 때문에 전화도 개설 된 상태에서 학교에 방문을 하는 것이 좋습니다.

학교 가기

처음 학교에 가면 입학담당자가 거주지증명서와 예방접종증명서를 확인한 후에 몇 가지 서류를 주면서 작성을 하라고 합니다. 그리고 아이의 학년, 반을 정해주면서 내일 몇 시까지 아이를 학교에 보내라고 합니다. 저는 아이를 데리고 학교에 간 첫날부터 수업을 받을 수 있을 것이라고 생각했었는데, 그렇지는 않았습니다.

초등학생의 경우에는 빈 가방에 간식을 넣어 보내면 되고, 급식값을 미리 학교에 내면 학교에서 점심을 먹을 수 있습니다. 따라서 급식값까지 내주면 입학 당일 학교에서 할 일은 마무리가 되는 것 같습니다. 중학생의 경우에는 조금 더 복잡합니다. 라커(사물함) 배정과 체육복 및 라커 열쇠 구입 등이 추가됩니다. 역시 중학생도 학교에 처음 가면 입학담당자가 거주지증명서와 예방접종증명서를 확인한 후 몇 가지 서류를 주면서 작성을 하라고 합니다. 아이의 학년을 정해주면서 내일 몇 시까지 아이를 학교에 보내라고 합니다. 점심 급식값을 미리 지불하고, 아이에 맞는 크기의 체육복을 사고, 라커를 지정 받고, 라커의 열쇠를 산 후 라커에 가서 열쇠를 채워놓습니다. 그리고 간단한 시험을 치른 후에 반을 배정 받습니다. 아마도 각 과목마다 같은 학년에서도 우열반이 있어 어느 반에 넣어야 하는지를 평가하는 것 같습니다. 그리고는 시간표, 해당교실을 배정받으면 등록이 종료됩니다. 중학생의 경우에는 초등학생과 달리 준비물이 조금 더 복잡합니다. 우선은 알림장에 해당하는 스프링노트(이것은 학교에서 줍니다), 공책과 필기도구를 본인이 준비해 가야 합니다.

자녀의 학년에 대한 고민

미국 학교에서 자녀의 학년을 어떻게 정할지 고민을 하게 됩니다. 저도 마찬가지였습니다. 다행인지, 해당학교의 교장선생님은 너무나 엄격하여 아이들의 나이에 맞추어 학년을 배정해주었습니다. 속으로는 한 학년 내려서 보내려는 생각도 있었습니다. 그러나 나중에 생각을 해보니 자기의 나이에 맞추어 학년을 정한 것이 좋았던 것 같습니다. 어느 학년에 가더라도 영어가 익숙하지 않은 것은 마찬가지 입니다. 그러나 영어가 점차 익숙해지게 되면, 학년을 내려서 다니는 경우에는 학습에 흥미를 잃을 수도 있다고 합니다. 그리고 아이들의 적응력은 어른들이 걱정하는 것에 비해 너무나 뛰어납니다.

Account # 7062958560   14   Service Address: 8538   LA JOLLA DR 193
Date Mailed: 12/28/07

URGENT NOTICE!
PAYMENT REQUEST

SECURITY DEPOSIT TO ESTABLISH CREDIT

We are requesting a $99.00 Security Deposit to establish credit on your new account.

Your Security Deposit will be billed in 1 installment of $99.00, which will be included in your future bills. Each payment must be received on time to avoid collection action.

There will be a charge if collection action is required. Please refer to the back of this notice for additional information.

The bottom portion of this notice must accompany your payment. If you intend to mail your payment, you should do so at least three business days prior to the expiration date of this notice.

We also offer electronic payment services, such as SDG&E Pay-By-Phone and Automatic Pay, for your convenience. For information on these and other available payment options, please visit our website at www.sdge.com or call 1-800-411-SDGE (7343).

Si necesita ayuda para interpretar este aviso llamenos a 1-800-311-7343.

0008

Please return this portion with payment. Favor de devolver esta parte con su pago.

Service Address: 8538 VILLA LA JOLLA DR 193   LA JOLLA

Account Number	Cycle	Date Mailed	Expiration Date	Please Pay This Amount
7062958560 9	14	12/28/07	--------	WILL BE BILLED

SD

Make Check Payable To

7713.1.2.311   1 oz.
LEE
LA JOLLA DR 193
LA JOLLA CA 92037-2322

San Diego Gas & Electric
PO Box 25111
Santa Ana, CA 92799-5111

0 7 7000070659555500000099000000000000

SDGE 고지서

자녀를 공립학교에 입학시키기 위해서는 거주증명서가 필요합니다. 거주증명서로 전기, 가스 혹은 수도 등 공공요금의 고지서가 필요합니다(여기에는 보호자의 이름과 주소가 적혀있겠지요). 따라서 아이가 학교입학하기 전까지는 공공요금의 고지서는 잘 보관하십시오.

연수기관 및 IC(International center)에 등록하기

★ IC 등록 ★

DS-2019서류를 받을 때 연수기관과 연관된 행정부서의 편지를 같이 받으셨을 겁니다. 미국 대학의 경우 외국에서 유학 오는 학생이나 교환 교수가 많기 때문에 이들을 위한 행정부서(외국인 담당행정부서)가 따로 마련되어 있습니다. 저의 경우는 UCSD로 연수를 가기로 되어 있었고, 따라서 UCSD에서는 이런 업무를 관장하는 곳이 IC(international center)였습니다. 이름은 다를 수 있지만, 각 연수기관마다 비슷한 역할을 하는 행정부서가 있을 것입니다. UCSD의 IC에서 보낸 편지는 여러 가지 사항들이 적혀 있는데, 그 중에 미국에 입국하여 15일 내에 IC에 등록을 하고 orientation을 받으라는 내용이 있습니다. 처음에는 의례적인 절차일거라 생각하고 대수롭지 않게 여겼는데, 연수선배가 꼭 IC의 orientation을 들으라고 충고를 해주었습니다. 자의 반 타의 반으로 IC에 가서 등록을 하고 orientation을 들었는데 무척 도움이 되었습니다. 결론은 초기 정착이 어느 정도 마무리 되고 나면 IC에 등록을 하는 것이 좋다는 것입니다, 아니 꼭 해야 합니다.

★ Orientation 내용(연수자를 행정적으로 관리하는 IC) ★

IC에서 알려주는 내용 중에는 초기정착에 필요한 집구하기, 운전면허 시험보기, 차사기, 은행계좌 만들기, 가구구하기, 등등의 기본적인 것들이 포함되어있습니다. 하지만, 이미 이 과정을 거친 후에 IC에 가는 연수자가 거의 대부분일 것입니다. 그러나 IC에 꼭 가셔야 하는 이유는 J1의 status에 대해서 설명을 해주기 때문입니다. 즉, 장거리 여행 혹은 연수 중 해외여행을 갈 때의 유의사항, 다시 J1비자를 받을 수 있는 기간, 연수 중 연수기관을 바꾸는 과정 등을 설명해 줍니다. 해외연수에 있어서 연수기관에서 연수자가 실질적인 일을 하고 있다면, IC에서는 연수자를 행정적으로 관리하고 있다고 생각하시면 이해하기가 좀 더 쉬울 것 같습니다. IC는 이런 딱딱한 일만을 관할하는 것은 아닙니다. 그 외에도 탁아소를 운영해서 연수 온 학생이나 교수의 아이들을 돌봐주기도 하고, 생활에 필요한 용품을 빌려주기도 합니다. 용품이라 하면, 부엌용품과 어린이용품이 주를 이룹니다. 저의 경우도 이곳에서 그릇, 토스트기, 냄비 등을 빌려서 사용하고 귀국할 때 반납을 했습니다. 1년 정도의 단기 체류시에는 빌려 쓰는 것도 많은 도움이 되는 것 같습니다.

★ 영어 튜터 ★

이 부분에 대해서 자세히 설명해 주지는 않았지만, 유인물에 설명이 되어있었습니다. 일정액수의 회원가입비를 내면(UCSD의 경우에는 50달러) 무료로 영어tutor를 소개받아 1:1 수업을 할 수가 있습니다. 또한 본인 이 외에 부인이나 자녀들도 무료로 영어 tutor를 소개받을 수 있습니다. 처음 회원가입비를 내고 나면, tutor에게 따로 과외비를 내는 것은 없습니다. 자원봉사의 개념으로 영어수업을 해주기 때문입니다. 자원봉사자이기는 하지만, 현직 교수도 있고, 교수의 배우자이거나, 은퇴하신 분들이기 때문에 tutor의 자질은 우수하다고 합니다. 여기에 나열한 것 외에도 외국인을 위한 여러 가지 도움 프로그램이 있으므로 꼭 IC의 orientation을 받으시기 바랍니다. 이 부분 역시 다른 IC도 비슷하게 운영이 되는 것으로 알고 있습니다. 좀 더 빨리 tutor를 소개받고 싶다면 좀 더 빨리 등록하는 것이 좋습니다. 인기가 좋기 때문에 대기기간도 길다고 합니다. Tutor는 IC외에 집 근처의 공공도서관에서도 소개받을 수 있습니다.

★ 연수기관의 ID 발급 ★

연수기관에 등록을 하시면 그 기관의 ID를 발급받게 됩니다. 이것이 또 다른 신분증으로서 역할을 하게 됩니다. 이것이 있으면, 그 기관에서 운용하는 셔틀버스를 무료로 탑승할 수도 있고, 도서관이나, 체육관등의 부대시설을 이용할 수 있는 출입증 역할을 하게 됩니다.

(앞면)

(뒷면)

연수기관의 ID
연수기관의 ID는 신분증역할을 함과 동시에 여러 부대시설을 이용할 수 있는 카드 역할을 합니다.

America Story

제 4 장

생활하기

America Story ★★★★★★★★★★★★★★★★★★

★★★ 운전과 관련하여 도움이 되는 사항들

★ 우리나라와는 조금 다른 미국의 도로 ★

| 길 중앙에 있는 노란 차선 |

좌회전 전용차선이라고 생각하시면 됩니다. 좌회전을 하려는 경우 이 노란 차선 안에 들어와서 대기하고 있다가 반대편 차선에서 오는 차가 없으면, 좌회전을 하면 됩니다. 번잡한 도심을 벗어나면 우리나라에 비해 교통량이 많지 않기 때문에 길 중앙의 노란 차선이 유용하게 사용되는 것 같습니다.

길중앙좌회전용차선
양방향좌회전전용차선이라고 생각하시면 됩니다. 교통량이 많지 않은 곳에서는 길 가운데 이런 노란 차선이 있습니다. 사진에서 위쪽으로 달리는 차가 좌회전을 해야하는 경우 이 노란차선으로 들어서서 대기하다 좌회전을 할 수 있습니다. 또한 사진에서 남쪽으로 달리는 차가 좌회전을 해야하는 경우에도 이 노란차선으로 들어서서 대기하다 교통량을 살피면서 좌회전 할 수 있습니다.

| Stop 표지판 |

신호등을 설치할 필요가 없다고 판단되는 한적한 사거리에는 Stop표지판이 있습니다. Stop 표지판이 보이면 일단 정지를 해야 합니다. 사거리에 다른 차가 없더라고 정지를 해야 합니다. 일단 정지 후에는 다른 차가 있으면, 사거리에 도착한 순서대로 출발하면 됩니다. 사거리에 다른 차가 없더라도 1,2,3을 세고 난 후(3초가 지난 후) 출발하십시오. 차가 정지했는지 정확하게 보려고 종종 밤에 약간 떨어진 곳에서 경찰이 지키고 있다는 소문이 있습니다. 만약 일단 정지를 하지 않았다가 경찰에게 걸리면, 벌금을 내는 티켓을 받게 됩니다.

Stop표지판

| 스쿨버스 |

스쿨버스가 빨간 불을 깜빡이면서 서있으면, 반드시 정지해야 합니다. 이때는 같은 방향에 있는 차뿐만 아니라 반대편 차선에 있는 차들도 정지해야만 합니다. 스쿨버스는 거리의 황제 같습니다.

★ 모르는 곳을 찾아갈 때 ★

| 야후나 구글 |

야후(yahoo.com)나 구글(google.com)에는 map이 아주 잘 되어 있습니다.

이곳에서 출발하는 곳의 주소를 넣고, 찾아가야 할 곳의 주소를 넣으면, 가야 할 길을 아주 자세하게 알려줍니다. 내비게이션도 똑똑해서 도움이 많이 되지만, 종종 다른 길을 알려주기도 합니다. 따라서 내비게이션을 이용하더라고 미리 가는 길을 알고 있으면, 큰 낭패를 겪는 일은 별로 없을 것입니다.

구글본사
대부분의 건물에는 건물의 번지수가 적혀있습니다. 따라서 모르는 곳을 찾아갈 때도 구글이나 야후에서 미리 검색을 하여 가는 길을 알아두면 어렵지 않게 찾을 수 있습니다.

| 번지수에 숨어있는 비밀 |

내비게이션이 대략적인 위치까지는 찾아가는데, 결정적으로 그 근처에서 정확하게 위치를 알려주지 못할 때도 있습니다. 번지수는 한 건물에 하나씩 주어집니다(그러나 1번지 다음이 2번지가 아닐 수도 있습니다. 5단위 혹은 10단위로 번지가 주어지기도 합니다). 또한 도로를 따라가면서 번지수가 차례로 주어지기 때문에 앞 건물의 번지수를 보고 다음 건물의 번지수를 추측할 수도 있습니다. 또한 길의 오른편이 짝수번호이면 반대편인 왼쪽은 홀수번호입니다. 이 정도의 규칙만 알아도 모르는 곳을 찾아갈 때 도움을 받으실 수 있으실 것입니다.

★ 지도 구하기 ★

정착을 조금이라도 빨리 하려면 그 지역의 지리를 빨리 익히는 것이 좋습니다. 그러기 위해서는 지도가 필요합니다. 지도는 지도책을 구입하는 방법이 있지만, 좀 더 간편한 방법은 AAA의 멤버가 되는 것입니다. 자동차 보험사를 AAA로 선택하지 않더라고 AAA멤버에 가입을 하시면 (연간 100불미만) 여러 가지의 혜택이 있습니다. AAA는 자동차를 소유한 사람들을 위한 무수익법인으로 가장 큰 혜택은 고장시 견인, 주유, 긴급 출동 서비스를 무료로 받을 수 있다는 것입니다. 그 외에 미국전국지도와 함께 그 지역의 지도, 여행책자를 부록으로 얻을 수 있습니다. 이 지도를 보면서 현지의 길을 익히면 일정시간이 지난 후에는 내비게이션 없이도 운전할 수 있으실 겁니다. 또한 타 지역으로의 여행시 렌터카나, 호텔 등을 저렴하게 이용할 수 있습니다. 그리고 놀이시설이나, 동물원, 아웃렛 등에서도 VIP 수준의 할인을 받을 수 있습니다.

★ 고속도로에 대한 정보 ★

우리나라와는 달리 미국에서는 조금만 이동을 하더라도 고속도로를 경유해야 하는 경우가 생길 것입니다. 정착초기에는 '아차' 하는 순간에 나가야 하는 출구를 놓치게 되고 그러면 당황하게 됩니다. 이때 무리하게 후진을 한다거나, 당황하지 말고 다음 출구에서 나간 다음 다시 반대 방향으로 들어가서 원하는 출구로 나가면 됩니다. 해가 떠 있는 경우라면, 해의 방향에 따라 남쪽과 북쪽 혹은 동쪽과 서쪽을 추측할 수 있습니다.

★ 고속도로 이용시 도움이 될 만한 사항 ★

1 우리나라와 마찬가지로 미국의 고속도로 표지판은 사전고지를 아주 잘 하고 있습니다. 앞으로 나올 출구를 3번째 출구까지 안내해줍니다. 따라서 나가야 할 곳을 알고 있다면 차선 변경을 미리 할 수 있어 상당한 도움을 받을 수 있습니다.

2 〈EXIT ONLY〉라고 쓰인 표지판이 있는 차선은 출구전용차선입니다. 따라서 이 차선에서는 반드시 나가야 합니다. 그러므로 나가지 않을 경우에는 미리 이 차선에서 다른 차선으로 바꾸어야 합니다.

3 〈CARPOOLS ONLY〉라고 쓰여 있고 다이

고속도로 표지판
미국의 고속도로 표지판은 사전고지를 아주 잘하고 있습니다.

아몬드표시가 되어있는 차선은 카풀레인입니다. 대부분의 고속도로에서는 카풀레인을 이용하려면 2명 이상 승차해야 합니다. 교통체증이 심한 고속

카풀레인
2인이상 탑승한 차량이 이용할 수 있습니다. 이 법규를 어기면 벌금이 어마어마합니다.

도로에서는 아주 유용하게 운영이 되고 있는 것 같습니다.

★ 고속도로 번호에 담겨있는 비밀 ★

미국은 고속도로가 너무 많기 때문에 각각의 고속도로마다 번호가 있습니다. 고속도로의 번호는 남북으로 연결되는 경우 홀수이고, 동서로 연결되는 경우 짝수입니다. 동서로 연결되는 고속도로, 즉 짝수 번호는 미국의 남단에서부터 번호가 시작되어 북쪽으로 올라갈수록 번호가 커집니다. 남북으로 연결되는 고속도로, 즉 홀수번호는 서쪽에서부터 번호가 시작되어 동쪽으로 갈수록 번호가 커집니다. 잠시 응용을 해보면 I-90이라는 앞에 I가 있으니 주와 주를 연결하는 고속도로라는 의미이고(여기서 I는 interstate의 약자라고 생각하시면 됩니다), 짝수이니 동서방향으로 연결되었을 것이고, 숫자가 크니 아마도 남쪽보다는 북쪽에 있을 것입니다. 이 고속도로는 서북부의 시애틀과 동북부의 보스턴을 연결하는 고속도로는 입니다. I-5는 미국의 서해안을 따라서 남쪽의 샌디에이고와 북쪽의 시애틀을 연결하는 고속도로입니다. 참고로 100번 이하의 고속도로는 주와 주를 연결하는 주간고속도로(interstate highway)입니다. 200, 400, 600번대 고속도로는 대도시를 순환하는 고속도로이고, 300, 500번대 고속도로는 도시를 관통하는 고속도로입니다.

America Story

★★★ 주차
★★★

★ 주차장에 주차를 할 경우 ★

쇼핑몰 등 대형 주차장에 주차를 할 경우, 우리나라와 다른 점을 발견할 수가 있습니다. 대부분의 차들이 전면주차 되어 있다는 것입니다. 이는 각각의 나라마다 처한 여러 가지 환경이 다르기 때문이라고 생각 됩니다. 우리나라의 경우에는 주차공간이 좁기 때문에 전면주차를 한 경우에 출차할 때 어려움을 겪습니다. 따라서 주차시 다소 힘들더라도 후면주차를 하는 경우가 많습니다. 이는 주차장의 면적이 좁기 때문이기도 할 것이고, 늘 바쁜 한국인의 정서를 대변하는 것이기도 할 것이라 생각 됩니다. 하여튼 미국에서는 전면주차가 주차의 규칙인 것 같습니다(불문율과 비슷한). 따라서 주차장에 진입을 하여 주차를 하실 때에도 차량의 진입방향이 전면주차의 방향과 동일하게 되어있다는 것입니다. 만약 이런 곳에서 후면주차를 하신 경우, 출차를 하실 때를 상상을 해보십시오. 앞에서

주차장 주차
모든 차가 전면주차되어있습니다.

는 비싼 차가 주차를 하러 들어오는데, 내 차는 그 차를 바라보면서 출차를 하려고 합니다. 만약 이때 문제가 생겨서 사고가 발생하면 주차방향을 지키지 않은 사람의 과실로 처리

주차장 주차
모든 차가 전면주차되어있습니다.

되는 경우가 대부분입니다. 교통사고의 많은 부분이 주차장에서 발생한다고 합니다. 출차시에 불편하더라도 가능하면 차량진행방향에 따라 주차를 하고(그러면 전면주차가 될 것입니다), 느긋한 마음으로 출차 하십시오. 로마에 가면 로마의 법을 따르라고 했으니, 다른 도리가 없을 것 같습니다.

● 전면주차 : 주차시 주차구역에 차량앞부분이 먼저 들어가는 것
● 후면주차 : 주차시 주차구역에 차량 뒷부분이 먼저 들어가는 것

★ 도로에 주차를 할 경우 ★

주차할 수 있는 곳이 아닌 곳에서는 주차를 하면 안 됩니다. 틀에 박힌 소리라고요? 길거리에 주차를 할 경우에는 보도경계석의 색깔을 자세히 살피신 후에 주차를 하셔야 합니다.

| 백색경계석 |

탑승자의 승하차나, 우편물의 발송을 위해서 아주 잠시 동안만 정차할 수 있습니다.

백색경계석

| 녹색경계석 |

제한된 사간동안만 주차가 가능합니다. 근처의 표지판에, 혹은 보도경계석에 주차가 가능한 시간을 표시해 놓습니다. 주로 쇼핑몰 입구와 가까운 주차장이나, 도서관입구와 가까운 주차장에 이런 표시가 많이 되어있습니다.

녹색경계석

| 황색경계석 |

탑승자의 승하차 및 짐을 싣고 내리기 위해 잠시 지정된 시간 동안 정차할 수 있습니다. 상업용 차량 외에는 정차 중 운전자가 차 안에 있어야 합니다.

황색경계석

| 적색경계석 |

정지, 정차, 주차가 모두 금지된 지역입니다. 절대 주차를 하시면 안 됩니다.

적색
경계석

| 청색경계석 |

이곳은 장애우 주차공간입니다. 장애우 스티커가 없는 차량이 이곳에 주차를 하면 엄청난 벌금을 내게 됩니다.

청색경계석

| 주차표지판 |

각 도로마다 주차에 대한 표지판이 붙어있을 것입니다. 다음의 표지판은 아침 8~10시 사이에는 2시간 주차할 수 있다는 내용입니다. 따라서 각 표지판을 잘 살펴보시고 주차하시기 바랍니다.

경사진 곳에서 주차를 하실 때에는 필기시험 때 외운 내용을 실제로 실천하셔야 합니다. 앞바퀴를 어떻게 놓는지 기억이 나지 않는 경우에는 다른 차들이 어떻게 앞바퀴를 놓았는지 확인한 후 주차하십시오.

주차안내판
오전 8시에서 오후 5시까지는 2시간만 주차가 가능하다는 안내입니다. 그 위에는 자세한 사항이 적혀 있습니다. 이런 부분들을 잘 읽어보시면 도움을 받으실 수 있습니다.

무조건 공간이 있다고 주차를 하시면 안 되고, 경계석의 색깔을 확인하신 다음에 주차를 하십시오. 이런 주의사항을 모른 상태에서 주차를 한 다음 주차위반 티켓을 받으면 무척 화가 납니다.

★ 무인 유료 코인 주차기 이용 ★

코인주차기가 설치되어 있는 유료주차장에 주차를 할 경우도 있습니다. 이때에 사용하는 동전은 25센트짜리 동전입니다. 따라서 차 안에 25센트짜리 동전을 8개정도는 구비해놓는 것이 좋습니다. 동전 구하려고 차를 잠시 세워놓은 1-2분 사이에 주차위반티켓을 받기도 하니까요. 이때 각 주차기마다 몇 분당 얼마인지, 그리고 몇 분까지 주차가 가능한지 적혀있습니다. 반드시 그 규정에 따라 주차하시기 바랍니다.

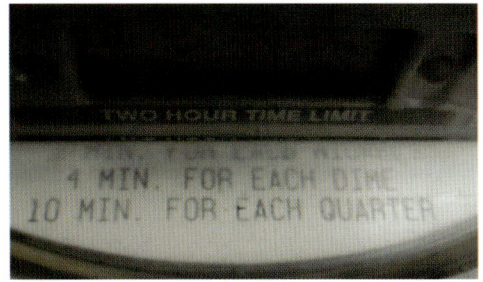

요금안내
주차요금기를 자세히 들여다 보면 요금안내가 나와있습니다. 4분에 dime(10cent), 10분에 quarter(25cent)입니다.

주차요금기
이 주차요금기에는 빨간 스티커가 붙어있지 않습니다. 이곳에는 주차를 하셔도 됩니다. 화살표가 가리키는 방향에 주차를 하시고 그 방향의 구멍에 동전을 넣으시면 됩니다.

고장난 주차요금기
이 주차요금기는 고장이 났으니, 이곳에 주차를 하면 티켓을 받을 수 있습니다.

★ 주차시 유의사항 ★

| 도난사고 |

미국의 경제가 나빠지면서 좀도둑이 많아지고 있습니다. 물건을 잃어버리면 다른 사람을 먼저 의심합니다. 그러니 잃어버리기 전에 미리 조심하는 것이 가장 좋습니다. 내비게이션은 주차장 도난사고의 1차 주범입니다. 밖에서 내비게이션이 보이도록 차 안에 놓은 상태에서 주차를 하셨다면, 그 내비게이션을 가져가라는 표현이라고 생각하시면 됩니다. 주차시 내비게이션은 가능하면 보이지 않는 곳에 숨겨놓으시거나, 가지고 내리십시오. 또한 내비게이션 거치대도 보이지 않게 하는 것이 좋습니다. 차 안에 내비게이션 거치대만 있더라도 유리창을 깨고 들어와서 내비게이션을 찾는 경우가 있습니다. 그 외의 물건이라도 비싸 보이는 것이라면 차 안에 두지 않는 것이 좋습니다. 이런 경우 내비게이션 없어지는 것 외에 차 유리창이 깨어지기 때문에 차 유리창을 갈아야 하는 이중고를 겪게 됩니다.

| 티켓을 발부 받은 경우 |

티켓을 받으면 벌금을 내야 합니다. 어필을 하는 방법은 티켓에 자세하게 설명이 되어있으나, 크게 도움이 되는 것 같지는 않습니다. 벌금을 내는 방법도 티켓을 보면 자세하게 설명이 되어있습니다. 가장 간단한 방법은 인터넷을 이용해서 납부하는 것입니다. 본인소유의 차량번호판으로 납부를 하기 때문에 미납여부까지도 확인을 할 수 있습니다. 가장 좋은 방법은 티켓을 받지 않는 것이고, 그 다음은 납부기한을 넘기지 않고 납부하여 추가 벌금을 내지 않는 것입니다.

주유하기

★ 기름은 어떻게 넣을까요? ★

우선 기름에 대한 표현이 우리나라와는 달라 Gas라고 합니다. 이는 Gasoline을 줄여서 부르는 것이라고 합니다. 인건비가 싼 우리나라와 달리 미국에서는 대부분의 지역에서 운전자가 직접 주유를 합니다. 영화에서 많이 보셨을 겁니다. 주유도 다른 것과 마찬가지로 한 번만 해보면 그리 어렵지 않습니다. 무엇이든지 처음이 어렵지요.

미국에는 4가지 종류의 기름이 있습니다. Gasoline중에는 옥탄가에 따라 일반, 중급, 고급(87, 89, 91)휘발유가 있고, 마지막으로 디젤유가 있습니다. 디젤유는 주유구의 크기가 달라 일반차량의 주유구에는 들어가지 않는다고 합니다. 그러나 제가 들은 전설에 의하면 연수 선배 중에 일반차량에 디젤유를 넣어서 차가 고장 난 경우도 있다고 하니, 일반차량에 디젤유를 넣지 않도록 주의하십시오.

★ 주유하는 순서 ★

| 카드로 기름을 넣는 경우 |

1 주유소가 보이면 주유소로 들어갑니다.
2 주유머신에 자동차의 주유구가 가깝게 다가가도록 주차합니다.
3 차의 시동을 완전히 *끄고*(이때 완전히 안 끄면 걸립니다.) 주유구의 외부뚜껑을 엽니다. 이 과정은 차 안에서 가능합니다.
4 차에서 내려 주유구의 살짝 열려진 외부 뚜껑을 젖힌 후 주유구의 내부 뚜껑을 손으로 돌려서 엽니다. 이 내부뚜껑은 잃어버리지 않도록 잘 놔두었다가 주유가 끝나면 다시 닫을 때 써야 합니다. 종종 주유구 내부뚜껑을 잃어버리는 경우가 있습니다.
5 주유머신을 열심히 쳐다봅니다. Led창에 〈insert card〉라고 적혀있을 것입니다. 얼른 카드를 넣었다 빼십시오. 신형 주유기의 경우에는 〈zip code〉를 넣으라고 할 수도 있습니다. 이는 도난카드의 사용을 막고자 하는 방편이므로 본인 집주소의 〈zip code〉를 넣으시면 됩니다. 이때 한국에서 만든 카드인 경우에는 한국의 우편번호를 넣어보십시오. 한국의 우편번호를 넣어도 되는 경우가 있다고 합니다.

6 그러면, Led창에 〈select degree〉라는 문구가 나올 것입니다. 이는 기름의 등급을 나타내는 것으로 본인의 취향에 따라 등급을 누르면 됩니다. 저는 보통사람이기 때문에 비싼 프리미엄을 쓰지 않고, 〈regular〉를 누릅니다. 등급에 해당하는 버튼은 〈Led창〉의 하단에 있을 것입니다.

7 그러면, 〈Led창〉에 주유기를 들고 주유를 시작하라는 문구가 나올 것입니다. 그러면, 주유머신에 걸려 있는 주유기를 들어 자동차의 주유구에 넣고 주유기의 손잡이를 꽉 잡으십시오. 그러면 주유가 시작됩니다. 이때 주유하는 주변의 다른 사람들을 보면 주유구의 손잡이를

계속 잡고 있는 것이 여유 있게 다른 일을 하고 있습니다. 다시 내 주유구 손잡이를 자세히 보면 손잡이 잡는 역할을 하는 걸쇠가 있는

197

것을 발견하게 될 것입니
다. 손잡이를 이 걸쇠에 걸
어놓으십시오. 그러면 손
이 편해지실 것입니다.

8 기름이 자동차의 주유통에
가득 차면 덜컥하고 자동
으로 멈춥니다. 만약 본인이
정한 액수만큼만 주유를 하
고 싶으면 그 액수에서 잡았
던 주유구 손잡이를 놓거나
혹은 걸었던 걸쇠를 풀어주
면 됩니다.

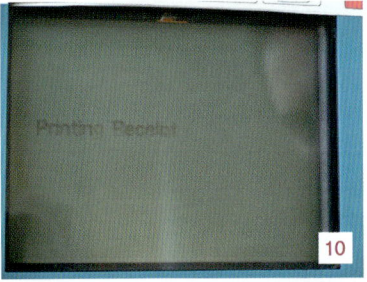

9 기름을 다 넣은 후에는 주유
기를 빼서 주유머신에 다시
걸어놓습니다. 그러면 주유
가 다 되었음을 주유머신이
인지하게 됩니다.

10 주유머신의 Led에 영수증을 인쇄하겠느냐는 질문이 나옵니다. 필
요하면 〈Yes〉를 누르고, 아니면, 〈No〉를 누르면 됩니다.

11 영수증이 인쇄되어 나오는 동안 열려 있던 주유구의 내부뚜껑을 클
릭소리가 날 때까지 돌려 닫고, 외부뚜껑을 닫습니다.

12 인쇄된 영수증을 받습니다.

13 무사히 주유를 했으므로 유유히 주유소를 빠져나옵니다. 한 번만
제대로 하고 나면 기름 넣는 것도 쉽다는 것을 알게 되실 것입니다.

주유소
우리나라처럼 각 주유소마다 기름값이 조금씩 다릅니다.

| 현금으로 기름을 넣은 경우 |

카드가 없는 경우에는 어떻게 기름을 넣을까요? 대부분의 주유소는 주유소 안에 직원이 있을 것입니다. 그 직원에게 내 차가 몇 번 주유기(각 주유기마다 번호가 적여있습니다. 그림의 주유기는 10번이네요.)에 있고, 얼마만큼 넣고 싶다고 하면서 돈을 내면, 그 돈만큼 넣을 수 있게 해당 주유머신에 입력을 해줍니다.

주유기 번호 : 10번 주유기
각 주유기마다 번호가 표시되어 있습니다.

| 기름을 넣는 방법을 전혀 모를 때 |

위의 설명을 읽고서도 기름 넣는 것을 도저히 모를 때는 주유소의 직

원에게 SOS를 청하십시오. 그러면 주유소의 직원이 도와줄 것입니다.

주마다 혹은 주유소마다 기계의 방식이 조금씩 다를 수 있지만, 대체적인 흐름은 위에 적은 내용과 비슷할 것입니다. 당황하지 말고 2-3번 정도 주유를 하시면 그 다음부터는 능숙하게 주유를 하게 될 것입니다.

| 기름은 어디가 쌀까요? |

경험상 기름은 Costco의 주유소에서 넣은 것이 가장 싼 것 같습니다. Downtown보다 gallon당 50센트까지 차이가 나기도 합니다. 싸니까 좋지만, 몇 가지 걸림돌이 있습니다. 코스코는 다운타운과 조금 떨어진 곳에 있는 경우가 대부분입니다. 따라서 쇼핑할 때 코스코에서 기름도 같이 넣도록 계획을 세워야 합니다. 둘째 코스코에서 주유할 때 사용할 수 있는 카드는 제한되어있습니다. 코스코 상품카드와 AMEX카드뿐인 것으로 알고 있습니다. 만약 AMEX카드가 없다면, 코스코에서 쇼핑할 때 코스코 상품카드도 같이 구입을 해서 기름을 넣어야 합니다. 그렇지만 조금만 계획을 잘 세우면 이런 어려움은 쉽게 극복할 수 있습니다.

merica Story

★★★★★ 생활용품 구하기
★★★★★

★ 물품구입 ★

| Vons, Ralphs |

24시간 운영하는 대형 슈퍼마켓이라고 생각하시면 됩니다. 과일이나, 채소, 빵, 우유 등의 식료품과 칫솔, 치약, 샴푸, 등등의 소소한 생활필수품을 팔고 있습니다. Costco처럼 대용량으로 판매를 하는 것이 아니고, 주택가와 가깝게 있기 때문에 부담 없이 일주일에 2-3번은 들르게 되는 것 같습니다. 멤버가 되기 위해 따로 비용을 지불하지는 않으나, 혜택은 많으므로 꼭 멤버카드를 만드시기 바랍니다.

| Walmart |

Costco 와 Ralphs의 중간쯤 되는 대형 슈퍼마켓이라고 생각하시면 됩니다. 가격면에서도 Costco보다는 비싸고, Ralphs보다는 싸고, 매장의 크기도 Costco보다는 작고, Ralphs보다는 큰 것 같습니다. 영업시간은 일부 매장(안경점 등)을 제외하고는 24시간입니다. Costco에서 대용량으로

사는 경우를 제외한다면 이곳에서 쇼핑을 하는 것이 각 품목당 가장 저렴한 것 같습니다. 과일이나, 채소가 없는 대신 가전제품이나, 의류 등 다양한 품목들이 구비되어 있고, 각 품목들의 가격 경쟁력이 있는 것 같습니다. 최근 들어 제품의 질도 좋아지고 있다는 평입니다.

| Costco |

우리 생활에 필요하다고 생각되는 물품 중에서 인기가 있는 품목을 몇 가지만 모아 대용량으로 판매하는 곳입니다. 대용량으로 판매하기 때문에 한 개당 물건 값은 싸지만, 대량으로 사기 때문에 한 번에 지출하는 액수가 많습니다. 이곳에서 주로 구입하는 품목은 고기, 연어, 과일, 채소, 시리얼, 생수, 음료수 등 입니다. 인기가 있는 품목만을 선정해서 판매하기 때문에 물건의 회전이 빨라서인지 고기나, 생선, 과일, 채소의 질은 다른 곳과는 비교가 되지 않을 정도로 좋습니다. 또한 늘 소비를 하는 시리얼이나, 생수, 음료수는 대량으로 구입을 하여도 보존기간에 부담이 없으므로 Costco에서 사는 것이 좋습니다. 간혹 대량으로 물건을 샀지만 소비를 그만큼 하지 못하여 낭비가 되는 경우도 있으니, 많이 쓰거나, 혹은 오래 보관해도 별 문제가 없는 것이 아니면 오히려 조금 비싸더라도 Ralphs나 Vons에서 사는 것이 나을 수 있습니다.

❶ Return

12개짜리 참치통조림을 구입하였는데, 하나를 먹어보니, 생각했던 맛이 아닌 경우에는 낭패를 보셨다고 생각하실 수 있습니다. 이럴 때도 실망하지 마시고, 영수증과 같이 남은 참치통조림을 가지고 가서 return을 하시면 됩니다. 우리나라와 달리 영수증만 있다면 return시에는 별 이유를 물어보지는 않는 것 같습니다.

❷ 회원가입

Costco에서 쇼핑을 하시려면, 회원 가입을 하셔야 합니다. 이곳의 회원이 되시려면, 가입비가 50불(일반회원)-100불(기업회원)정도 듭니다. 물론 가족카드도 한 장 더 발급이 되므로 가입비를 한번 내시면, 부부가 카드를 각각 하나씩 가지실 수 있습니다. 50불이 조금 비싸다고 생각 되지만, 5번 정도 쇼핑하시면, 50불은 충분히 보상받으실 수 있을 것 같고, 엥겔지수가 높은 가구의 경우에는 기업회원으로 가입을 하셔도 좋을 것 같습니다.

Costco카드 앞면(위) 뒷면(아래)
코스코에서 물건을 사려면 회원에 가입을 해야하고 가입비가 있습니다. 한국에서 쓰던 코스코 회원카드도 미국에서 쓸 수 있다고 합니다.

❸ 계산시 현금 혹은 Amex 카드, 주유

Costco의 또 한 가지 장점은 주유소를 같이 운영하고 있는데, 이곳의 기름 값이 저렴하다는 것입니다. 따라서 Costco에 가시면, 쇼핑만 하시지 말고, 주유도 같이 하시길 바랍니다. 참고로, Costco에서 주유를 하실 때에는 Amex카드나, Costco상품권 카드가 필요하므로, Amex카드가 없으시다면, 쇼핑시에 계산원에게 미리 50불 혹은 100불짜리 카드를 달라고 하십시오(물론 공짜는 아니고 그에 해당하는 돈을 내셔야겠지요). 그러고 나서 그 카드로 주유를 하시면 됩니다. 그리고 Costco에서는 아직까지는 Amex카드나, 현금 이외에는 다른 방법으로는 계산이 되지를 않습니다. 따라서 Amex카드가 없으시다면, 쇼핑을 가시기 전에 현금을 챙겨 가시기 바랍니다. 물건 몇 개 고르면 금방 100불이 되거든요. Ralphs처럼, 집과 가깝지는 않지만, 그래도 고기나, 생선, 과일, 채소가 싱싱하고, 기름을 싸게 넣을 수 있기 때문에 일주일에 한번은 들르게 되는 것 같습니다.

| IKEA |

한국 분들이 사용하는 가구의 절반이상은 IKEA것이라 생각해도 과언이 아닐 것입니다. 해운회사를 통해 이사를 하신 경우가 아니라면 침대나 식탁 등 대형 가구는 현지에서 장만을 하게 됩니다. 중고물품을 구입하시는 경우도 있지만, 다른 사람이 쓰던 물품이 조금 찜찜한 경우에는 가격 면에서 비교적 부담이 되지 않으면서 디자인이 심플한 IKEA의 가구를 많이 구입합니다. 조립식으로 되어있기 때문에 일련번호를 잘 맞추어 산 후에 그것을 자동차에 싣고 와서 조립을 할 때 무척 뿌듯하다고 하시더라고요. 가족 간에 사랑도 느끼실 수 있고요. 미국은 워낙 땅덩어리가 넓어 운반하는 것이 장애가 될 수 있는데, IKEA제품은 조립식이므로 제품을 사서 집에 가져가실 때에도 따로 트럭이 필요하지는 않은 것 같고(아주 큰 것을 제외하고는), 또 이 물건을 현지에서 되파실 때에도 그 물건을 사는 분들이 조립식이라고 하면 운반이 용이하기 때문에 좋아하는 것 같습니다. 또한 이곳에는 주방용품들도 구비가 되어있어 부엌살림도 어느 정도 해결할 수 있습니다.

| Staples, Office depot |

우리나라의 대형문구점이라고 생각하시면 될 것 같습니다. 이곳에서 아이들에게 필요한 학용품이나, 복사용지, 인쇄용 물품 등을 구입하시면 될 것 같습니다.

| 한인마켓 |

　한국에서 아주 철저한 준비를 해오더라도 현지에 도움을 줄 수 있는 분이 없는 경우에는 현지의 한국마켓을 찾는 것이 상당한 도움이 됩니다. 한인마켓에 가면 먹는 문제가 해결됩니다. 한국에서 수입된 한국식품들이 다양하게 준비되어 있고, 직접 그곳에서 만든 반찬들도 있습니다. 한인 마켓 내에 비치된 한인업소록에는 한인들이 운영하는 업소들의 전화번호뿐 아니라 교회나, 병원, 심지어는 운전면허 필기시험용 문제집도 있으며, 이는 무상으로 배포되고 있습니다. 이 책자는 미국에서 지내는 동안 아주 유용하게 사용될 것이기 때문에 꼭 집에 가져가셔서 읽어보십시오. 또한 한인마켓에는 한인업소록 외에도 한국 신문을 포함하여 여러 종류의 정보지들이 있으므로 이들을 유용하게 사용하시기 바랍니다.

　미국에 있으면서 한국보다 싸다 하는 것이 있다면 자동차와 소고기, 쌀, 그리고 과일입니다. 그러다보니 돼지고기가 귀한 고기처럼 느껴져 한국에서는 잘 먹지도 않던 삼겹살을 미국에서는 무척 맛있게 많이 먹었습니다. 소고기와 비슷한 가격이니까 더 맛있게 느껴졌던 것인지는 모르겠지만, 그 정도로 소고기 값이 저렴합니다. 특히나 과일은 참 맛있습니다. 한국에서 잘 나지 않는 과일인 체리, 애플망고, 오렌지 등은 아주 맛있게 먹었습니다. 그렇지만, 한국음식 값은 비쌉니다. 순두부 한 그릇에 10불, 한국에서는 비싸야 5천원인데, 그래도 느끼한 햄버거나 피자에 비하면 진수성찬이기 때문에 순두부를 먹는 날은 정말 행복합니다.

| 운동용품 |

　Sports Authority같은 운동용품만을 파는 매장이 따로 있습니다. 물

론 슈퍼마켓에서 일부의 물건들을 팔기는 하나, 품목이 한정되어 있으므로 이런 스포츠전문매장에 가시면 다양한 가격의 물건들을 접하실 수 있으실 겁니다.

| 쌀 |

가장 중요한 게 잘 먹고 잘 자는 것입니다. 자는 것은 어찌 해결하더라도 잘 먹어야하는데, 그 중에 가장 중요한 것이 한국 사람에게는 쌀입니다. 여러 종류의 쌀을 먹어보고, 연수선배들의 의견을 종합해 본 결과 쌀은 칼로스 쌀이 저렴하면서 무난합니다. 가격 대비 질을 생각할 때 가장 좋은 것은 일본종인 국보 쌀입니다. 한문으로 국보(國寶)라고 쓰여 있기 때문에 찾는데 그리 어려움은 없으실 겁니다. 경제가 어려워지면서 쌀값이 오르고, 달러 값도 오르지만, 그래도 쌀은 좋은 것을 먹어야겠지요. 맛있는 밥이 되기 위해서는 쌀을 잘 불리고, 물의 양을 잘 맞추어야 합니다. 따라서 원하는 밥맛이 나올 때까지 조건을 맞추어 보시기 바랍니다. 또 한 가지, 가전제품 편에서도 말씀 드렸던 것처럼, 가급적이면 전기밥솥은 조금 비싸더라도 압력이 되는 전기밥솥을 장만하십시오. 그러면 의식주 부분 중 식의 절반은 성공하신 거라고 보셔도 될 것 같습니다.

쌀
미국에서 살다보면 쌀이 중요하다는 것을 여러 번 경험합니다. 그중에서도 칼로스(CALROSE) 쌀이 무난한 것 같습니다.

마트에 가보면 쌀 말고도 살 것이

너무나 많습니다. 고기나 생선, 과일, 채소는 눈으로 보고 사면 된다지만, 햄이나, 치즈, 우유, 소시지, 빵은 어떤 것을 사야 하는지 고민이 많이 됩니다. 간추리자면 너무나 달고, 너무나 짜고 너무나 기름진 게 미국 식품의 특징인 것 같습니다. 따라서 조금씩 사다가 맛을 보시고 입맛에 맞는 것으로 사야 할 것 같습니다. 참고로 빵은 결국 한인 마트에 있는 제과점에서 사게 되고, 치즈는 KRAFT에서 나온 〈Singles〉라는 제품이 우리나라 애들이 잘 먹는 슬라이스 치즈와 비슷한 맛입니다. 그렇게 짜지도 않고 싱겁지도 않고, 스팸은 low salt로 선택을 하는 것이 좋습니다.

| Return 문화−영수증 보관하기 |

우리나라에서는 물건을 산 후에 그 물건이 마음에 들지 않거나, 물건에 문제가 있는 경우 교환이나 환불을 하는 것이 무척 부담스럽습니다. 그러나 미국 대부분의 상점에서는 〈money back guarantee제〉를 실시하고 있어, 교환이나 환불에 어려움을 거의 느끼지 못하는 것 같습니다. 교환이나 환불을 하려고 하면 반드시 영수증이 있어야 하므로 만일의 사태를 대비해 영수증 보관을 습관화하는 것이 좋을 것 같습니다. 영수증에 보면 교환이나 환불의 보장기간이 명기되어 있으니, 영수증을 받을 때 그 기간도 한번쯤은 알아둘 필요가 있습니다. 일부 매장의 경우에는 영수증이 없더라도 그 매장 제품이 맞는다면, 환불을 해주기도 합니다. 만약 환불보장기간의 지난 경우에는 현금카드 비슷한 것(우리나라의 경우 보관증이라고나 할까요?)으로 교환해 주기도 합니다. 그런 경우에는 나중에 다른 물건을 사고 그 현금카드로 계산을 하면 됩니다. 따라서 물건이 마음에 들지 않거나, 문제가 있는 경우에는 집안에 그대로 쌓아두지 마시고 교환이나 환불을 시도해보시기 바랍니다. 물건의 가격은 교환이나 환불에 대한 부분도 포함이 되어 책정되는 것 같습니다.

물건을 사고 난 후에 영수증은 보관을 잘 하십시오. 모든 물건은 return의 가능성이 있습니다. 또 계산이 잘못되었을 가능성도 있으니, 영수증을 그냥 버리시지 말고 한곳에 모아두세요. 만약 귀국을 하였을 때 연수기간 동안 지출한 달러의 액수가 많은 경우에는 증빙자료가 필요할 수도 있습니다. 이때 요긴하게 쓸 수도 있으니 잘 모아두십시오. 정리하기 힘들면 상자를 하나 정하여 모아만 두셔도 그 값은 충분히 할 것입니다.

| Tax(세금) |

모든 값에는 Tax(세금)을 따로 더해야 한다는 것을 늘 기억하고 있어야 합니다. 우리나라에서는 물건 값이 2천원이면 딱 그 액수만 지불하면 되는데, 미국에서는 그 가격에 Tax를 따로 더 더해서 내야 한다는 것을 늘 기억하십시오. 그렇지 않으면, 난감한 경우가 생길 수도 있습니다.

| 할인쿠폰 사용하기 |

한국에서는 할인쿠폰을 사용하는 것에 익숙해 있지도 않았고, 별 필요성도 느끼지 못했습니다. 그러나 미국생활을 하면서 이 쿠폰의 위력을 새삼 느끼게 되었습니다. 일주일에 한 번씩 집으로 할인 쿠폰북이 배달됩니다. 주소가 입력되어서 오는 것이 아니라, 메일박스가 있는 집에는 모두 배달됩니다. 여기에서도 유용한 할인쿠폰을 구할 수 있습니다. 또한 일간신문에도 할인쿠폰이 많이 들어있습니다. 일간신문을 매일 구독하지 않는 경우에는 일요일자 신문은 구입할 것을 권하고 싶습니다. 일요일자 신문은 다른 요일의 신문보다는 비싸지만(1.5~2불) 그 안에 너무나 많은 유용한 쿠폰이 들어있기 때문에 많은 혜택을 볼 수 있습니다. 그런 이유에서 일요일자 신문은 빨리 매진된다고 합니다. 참고로 할인쿠

폰을 사용하는 것이 미국에서는 아주 자연스러운 일인 것 같습니다. 오히려 정가대로 지불하고 음식을 먹는 것이 바보처럼 느껴질 때도 있습니다.

★ 몇 가지 살아가는 요령 ★

| 쓰레기 버리기 |

우리나라에서는 쓰레기를 버릴 때 종량제 봉투를 사용하고 분리수거를 합니다. 미국에서는 쓰레기를 어떻게 버릴까요? 아파트 관리사무실에서 입주할 때 분리수거에 대해서 설명을 해주기는 했지만, 제가 사는 곳에서는 분리수거를 하지 않고 그냥 버리는 분위기였습니다. 쓰레기용 봉투를 대형마트에서 팔고는 있습니다. 그렇지만, 우리나라처럼 종량제 봉투는 아니고, 말 그대로 쓰레기통 안에 넣을 수 있는 쓰레기통용 봉투입니다. 따라서 이 봉투를 사서 쓰레기를 담아 버릴 필요는 없습니다. 마트에서 물건을 살 때 담아주는 봉투(우리나라처럼 봉투 한 장에 20원씩 돈을 받지 않습니다)를 차곡차곡 모아 두었다가 쓰레기용 봉투로 사용하면 큰 문제는 없을 것 같습니다. 쓰레기도 적게 만들고, 돈도 아끼는 일석이조라고나 할까요? 가끔 대형쓰레기(가구 등)를 버릴 때 우리나라처럼, 동사무소 같은데 신고하는 것은 아니고, 일반 쓰레기 버리는 곳에 얌전하게 갖다 놓으면 필요한 사람이 가져가기도 하고, 쓰레기차가 가져가는 것 같습니다.

| 우편물 보내기 / 유틸리티 요금내기 |

미국생활을 약 한달 정도 하고 나면 전기와 전화, TV, 인터넷 등 각각의 유틸리티에 대한 요금청구서가 우편으로 배달될 것입니다. 청구서에

는 액수가 얼마인지 적혀있고, 반송용 봉투가 같이 들어 있어 수표(check)에 해당 액수를 적어 반송용 봉투에 넣어 보내는 것이 일반적입니다. 이때 두세 가지의 문제를 만나게 됩니다. 첫째, 우표 구입 문제입니다. 우표를 꼭 우체국에서 사야만 하는 것은 아닙니다. 대형마트에서 물건 값을 계산할 때 우표를 달라고 하면 계산원이 10장 혹은 20장짜리 묶음의 우표를 줄 것입니다. 이중 1장을 사용하면 됩니다. 둘째 우체통 위치입니다. 미국의 도심에서는 파란색 우체통을 발견하실 수 있습니다. 보통 아파트마다 메일박스가 있을 것입니다. 그리고 메일박스가 있는 주변을 자세히 보시면, 발송 전용함도 발견할 수 있습니다. 혹 발견하기 힘들면 이웃에게 질문을 해보십시오. 쉽게 찾으실 수 있을 겁니다. 셋째 수표가 제대로 배달될까하는 문제입니다. 보통은 별 문제없이 배달되는 것 같습니다. 그러나 우편으로 돈을 보내는 일에 익숙하지 않고 의심이 많은 한국인으로서는 굉장히 불안합니다.

우체통
아파트에는 메일박스 옆에 발신전용우편함이 있을 것이고, 도심에는 파란 우체통이 있어 우편물을 보낼 수 있습니다.

| 인터넷을 이용한 유틸리티 요금내기 |

이런 불안한 마음과 아울러 우표 값을 아끼려는 생각에 저는 유틸리티를 인터넷으로 지불하였습니다. 각각의 요금청구서를 보시면, 인터넷주소가 있고, 각 개인의 〈account number〉가 있습니다. 이 번호를 이용해서 인터넷으로 요금을 지불할 수 있습니다. 이때 한 가지 꼭 알려드리고 싶은 사항이 있다면, 요금의 결제를 자동이체가 되도록 신청해 놓으면,

귀국한 다음에도 결제가 될 수 있습니다. 실제 이런 일들이 종종 발생합니다. 이때 환불 받는 절차가 무척 복잡하다고 들었습니다. 따라서 이런 불상사를 막기 위해 자동이체보다는 인터넷뱅킹으로 직접 송금하는 방법을 선택하는 것이 좋을 것 같습니다. 또 청구서가 날아오는 경우에도 그때마다 인터넷뱅킹을 통해 송금하는 것이 좋습니다.

| 한인 인터넷사이트 |

인터넷을 잘 이용한다면 우리는 정말로 많은 도움을 받을 수 있습니다. 이는 해외연수생활에서도 마찬가지입니다. 그 중에서도 가장 도움이 되는 사이트는 역시나 그 지역의 한인인터넷사이트일 것입니다. 한국 사람들이 많이 모여 사는 곳이라면 이런 사이트는 잘 마련이 되어있는 것으로 알고 있습니다. 제가 있었던 샌디에이고의 경우에도 〈www.sdsaram.com〉이라는 사이트가 있어서 이곳에서 아주 많은 정보를 얻었습니다. 이곳에서 정착도우미도 만났고, 자동차필기시험지도 구했고, 그곳의 날씨가 어떤지도 미리 알 수 있었고, 가구 일체를 장만했고, 자동차도 샀고, 고양이도 구했습니다. 연수 가고자 하는 목적지가 정해지면, 그 지역의 한인 인터넷사이트를 들어가시는 것으로도 절반의 준비는 되었다고 보는 분도 있습니다. 무빙세일이나, 중고물건의 매매, 자동차 매매, 한인 마켓에 대한 정보가 아주 자세하게 나와 있습니다.

| 몇 가지 상식들 |

1 재채기를 하면 주위사람들이 'bless you'라고 합니다. 그러면 'thanks'라고 하시면 됩니다.
2 우리나라의 경우에는 음식점에 가면 아무런 망설임 없이 안으로 들

어가서 빈자리에 앉는 것이 일반적입니다. 그러나 미국에서는 반드시 식당입구에서 종업원이 안내해 줄때까지 기다려야 합니다.

3 횡단보도를 건널 때 일정한 주기로 보행자가 건널 수 있는 파란 불이 들어오는 횡단보도에서는 큰 문제가 없습니다. 그러나 보행자가 별로 없는 한산한 곳에서는 보행자신호가 주기적으로 들어오지 않는 경우도 있습니다. 좀 오래 기다렸다는 생각이 드는데도 파란 불이 들어오지 않으면 조용히 본인이 서있는 쪽의 신호등을 쳐다보십시오. 거기에 혹시 〈push button for walk signal〉이라고 적혀있다면, 그 밑에 있는 버튼을 누르십시오. 그 버튼을 눌러야만 파란 불이 들어오는 것입니다.

횡단보도

신호등
보행자가 많지 않은 횡단보도는 종종 버튼을 눌러야만 횡단보도용 파란불이 들어오게 되어있습니다.

4 팁은 어떻게 주나? 미국생활에서 적응하기 힘든 것이 몇 가지 있습니다. 그 중 하나가 물건을 살 때 Tax를 내는 것이고 또 하나는 팁입니다. 식당에서 식사를 마치고 디저트를 먹을 때쯤 종업원이 계산서를 가져다 줄 것입니다. 팁은 꼭 주어야 하는가? 거의 모든 사람들이 그렇다고 대답을 합니다. 팁은 음식 값의 15% 전후를 생각하시면 됩니다.

• 수표나 현금으로 계산하는 경우

음식 값은 수표나 현금으로 계산을 하고 팁에 해당하는 액수는 현금으로 테이블에 놓고 나가시면 됩니다. 만약 현금으로 계산을 하셨는데, 팁이 얼추 잔돈과 비슷한 경우에는 'keep the charge' 라고 하면 됩니다. 그러면 종업원이 그것을 팁으로 받게 됩니다.

• 카드로 계산하는 경우

종업원에게 계산서에 카드를 같이 끼워서 주면 곧이어 전표를 가지고 올 것입니다. 전표는 두 장인데, 그 중 하나에는 팁을 적는 난이 있습니다. 여기에 팁을 적고 음식 값과 팁을 합한 총액을 적은 후 사인을 하면 됩니다. 이 전표를 다시 종업원에게 주면 팁 역시 카드에서 결제가 됩니다. 이렇게 하신 경우에는 따로 현금으로 팁을 주실 필요가 없지요. 두 장의 전표 중 남은 하나는 본인이 영수증으로 가지시면 됩니다.

```
Receipt

Bulgogi     $12.00
Noodle      $20.00

Total       $32.00

Tips         $4.00
Total       $36.00

   Sign  _____
```

카드로 계산하는 경우
Tips 칸에 팁액수를 적고, 음식값과 팁을 합한 총액을 그 하단에 적은 후 사인을 합니다.

America Story ★★★★★★★★★★★★★★★★★★★★★★

★★★ 공공 도서관 이용하기

미국생활 중 부러운 것의 하나가 잘 발달된 공공 도서관이 아닐까 합니다. 우리나라도 계획도시의 경우에는 공공도서관이 잘 마련되어 있지만, 미국은 거의 모든 지역에 도서관이 잘 마련되어 있는 것 같습니다.

★ 공공도서관의 위치 ★

인터넷에서 그 도시의 이름과 〈public library〉를 함께 검색하면 쉽게 찾을 수가 있습니다. 일례로 New York의 공공도서관 홈페이지는 인터

도서관
작은 마을에도 잘 갖추어진 도서관이 있다는 것은 정말로 부러운 사실입니다. 그리고 그 주변에는 공원도 있어 살기에 좋은 환경인 것 같습니다.

도서관앞 공원

넷 검색결과 〈www.nypl.org〉임을 쉽게 찾을 수 있습니다. 이 사이트에서 확인해본 결과 뉴욕시에는 수십 개의 도서관이 있는데, 집과 가장 가까운 도서관을 선택하여 이용하는 것이 편리할 것입니다.

★ 도서관 출입 시 필요한 것 ★

특별한 출입카드가 없어도 누구나 도서관을 출입할 수 있습니다. 물론 이곳에서 인터넷을 이용하거나, 인쇄를 할 수도 있습니다. 다만 책, 비디오, DVD, 음반 등을 대여하기 위해서는 회원카드를 만들어야 합니다. 회원카드를 만들기 위해서는 어른의 경우 여권만 있으면 됩니다. 부모가 회원이면, 특별한 서류 없이도 아이들은 회원카드를 만들 수 있습니다. 이 회원카드만 있으면, 한 지역으로 연결된 도서관내에서는(우리나라로 비유하자면 서대문구면 서대문구내의 모든 공공도서관이 한 관할로 연결됨) 이 회원카드 하나로 통용이 되고, 한 곳에서 빌린 책도 다른 곳에서 반납을 할 수 있습니다.

★ 도서관에서의 활동 ★

기본적으로 책을 읽고, 공부를 하고, 인터넷을 이용할 수 있습니다. 그 외에 위에서 설명한 대로 책, 비디오, DVD, 음반 등을 대여하는 도서관의 기능이 있습니다. 그러나 그 외의 활동이 더 흥미를 끄는 것 같습니다. 도서관 안내데스크에 가면 그 도서관에서의 한 달 활동계획표가 나와 있습니다. 어린이를 위한 동화 읽어주기, 음악회, 저자와의 만남, 등등 다양한 프로그램이 있습니다. 또한 도서관에서 일하는 분들을 유심히 살펴보면 노인 분들이 많은데, 이분들은 자원봉사자들입니다. 이분들과 연계하여 영어 tutoring도 할 수 있으므로 도서관을 적극적으로 이용하신다면 많은 혜택을 보실 수가 있을 것 같습니다. 저는 책이나, DVD를 빌리는 것 외에 애들을 픽업하기 위해 기다리는 자투리 시간을 도서관에서 자주 보냈습니다. 인터넷이 되기도 하거니와 조용해서 공부하기 아주 좋은 환경입니다.

도서관 팜플렛
지역주민들을 위하여 도서관에서는 다양한 문화활동을 주체하고 있습니다. 대부분 무료로 진행되고 있기 때문에 자녀들과 함께 참여하는 것은 좋은 경험이 될 것 같습니다.

■■■ **맺는말**

　귀국을 하고 한 달이 지나도록 샌디에이고의 풍경과 느낌의 잔상이 계속 있는 듯한 감정에서 벗어나지 못하기도 했습니다. 그곳에 적응하여 있을 때는 마냥 행복한 느낌만 있었는데 막상 한국에 와서 보니 낯선 곳에서 무사히 살아서 돌아왔다는 것이 대견스럽고 잘 살다가 온 우리 가족이 자랑스러웠습니다.
　미국연수는 가볼만 합니다. 그러나 가볼만하다고 해서 결코 만만하게 볼 것은 아닙니다. 한국의 생활보다는 힘듭니다. 한국에서 미국으로 연수를 간다면 한국에서는 어느 정도 경제적 여유가 있는 생활을 하셨을 것인데, 미국에서의 연수생활은 그렇지가 않습니다. 한 달 생활비가 한국에서 쓰던 것과 비슷하다고 하더라도 그중의 절반은 집세로 나가기 때문에 한국에서 쓰던 액수의 절반으로 생활을 하신다고 생각하시면 되니까요. 그러니, 조금 궁핍한 생활이 될 수도 있습니다. 또한 언어소통이 원활하지 않음으로 인해서 여러 가지 불편한 점들이 발생을 하게 됩니다. 짧은 기간 동안 다급히 처리해야할 중요한 문제들이 아주 많이 생기기 때문에 부부싸움도 굉장히 많이 한다고 합니다. 또한 생활이 가족중심으로 이루어지기 때문에 미처 알지 못했던 가족구성원간의 충돌이 자주 발생을 하게 됩니다. 그러나 그러한 문제들을 같이 풀어나가는 과정에서 부모와 아이가 진정한 가족 구성원이라는 또 다른 사랑을 만들어나가게 되는 것 같습니다. 저나 애들 모두 조금씩 더 성장을 하였고, 가족들이 소중하다는 것을 더 느끼게 되었고, 한국에 있는 남편, 아빠의 존재가 더 부각이 되었습니다. 또한 애들은 공부에 대한 필요성을 느끼게 되었습니다.

 지금도 문득 문득 내가 두 애들을 데리고 남편도 없이 미국생활을 어떻게 했지? 스스로 믿겨지지 않을 때가 많습니다. 그러나 미국연수, 어차피 부딪혀야 한다면 무서워하거나, 두렵다고 피하기보다는 준비함으로써 좀 더 쉽게 받아들일 수 있을 것 같습니다.